JN089444

BCPの見直し・訓練・展開がわかる本

SOMPOリスクマネジメント株式会社 編著

中央経済社

はじめに

内閣府防災担当の調査[1]によれば，BCP（事業継続計画）の策定率（策定済みおよび策定中）は大企業で約83％となっており，すでに多くの大企業がBCPを策定している（中堅企業は約53％）。また，地震や水害，感染症等が発生するたびに，経済紙・一般紙を問わず，企業に今後求められる対応として「BCPの策定」という言葉が記事に頻繁に現れる。こうしたことから，すでにBCPという用語は，市民権を得ていると思われる。風水害をはじめとして近年は自然災害が頻発する傾向にあり，また2020年は新型コロナウイルス感染症の流行で，企業の事業継続に大きな影響が出た。将来的にも国内外を問わず，自然災害やテロ，その他事象を原因とする危機は頻発し，企業活動がグローバル化かつサプライチェーンが複雑化する中で，事業を中断させる要因が増える一方であることが予想される。BCPおよびそれを継続的に改善しながら洗練させていくBCMのニーズはますます高まっていくと言っていいだろう。

一方で，BCPは有事のための計画という性質上，日々，実際の通常業務で使いながらその有効性を試行・確認しながら改善していくことが難しい。そのためか，BCPは作ってみたもののその有効性に自信が持てない企業は多いと思われる。また，有効性の確認のために年１回程度訓練を行ってはいるものの，どのようにしたら効果的な訓練ができるのかといった悩みも筆者に多く寄せられる。

これまでも，「BCPとは何か？」「BCPはどうやって作るのか？」「BCPの取組み事例はどんなものがあるか？」等について紹介した書籍は多く刊行されており，BCPの理解促進や普及において大きな役割を果たしてきた。一方，BCPの策定が相当程度進んだ現時点においては，策定よりむしろその後の改

1　内閣府防災担当「令和元年度 企業の事業継続及び防災の取組に関する実態調査」（令和２年３月，http://www.bousai.go.jp/kyoiku/kigyou/topics/pdf/r2_jittaichousa.pdf）

善にご担当者の関心の軸足が移りつつあるものと考えられる。しかし改善に焦点を当てた解説書は少ないため，本書はそこに焦点を当てることとしたものである。したがって，本書はすでにBCPを策定済みの企業のご担当者を主な読者層と想定した上で，BCPの改善活動の主な要素である，見直しや訓練におけるヒントを多数掲載した。

本書ではまず，BCPの概要やその策定ステップについて簡潔に説明する。続いて，BCPの見直しの考え方，また訓練のポイントについて述べる。最後に，BCPを自社の外に展開していく際のポイントに触れる。

BCPの見直しに関する章では，BCP基本事項の見直しに加え，特に風水害や感染症，サイバー攻撃等，地震以外のリスクを対象とする際の注意事項等について解説した。また，訓練の章では，様々な訓練のやり方や訓練企画のプロセスについて力点を置いて解説を加えた。

本書が少しでも，読者の日々のBCM活動に取り入れられてBCPの品質改善につながり，ひいては企業の事業継続力向上の一助となれば幸甚である。

2021年5月

執筆者一同

目　次

はじめに　i

第1章

BCPを作る

1　BCPとは　2

(1)　BCP・BCMの概念　2

(2)　BCPの必要性　5

(3)　BCPの普及　7

2　BCPの策定　10

(1)　取組み方針　10

(2)　事業影響度分析　12

(3)　リスク分析　19

(4)　事業継続戦略　22

(5)　有事対応　24

(6)　事前対策　25

(7)　運用計画　26

(8)　文書化　26

3　BCPの運用（BCM）　30

(1)　推進体制の整備　30

(2)　BCMの各プロセス　33

4　BCP策定に関するQ&A　35

第2章

BCPを見直す

1　見直しの必要性　38
(1)　元々のBCPが不完全だったことによるもの　38
(2)　組織の変化によるもの　39
(3)　重要業務の変化，その継続方法の変化によるもの　40
(4)　想定していない新たなリスクの発現によるもの　41
(5)　実際の事業継続対応を通じて改善点が顕在化したことによるもの　41
2　基本事項の見直し　43
(1)　重要業務を見直す場合　43
(2)　BCP目標を見直す場合　44
(3)　事業継続戦略を見直す場合　46
3　対象リスクの見直し　48
(1)　水害　48
(2)　感染症　62
コラム1　テレワーク導入時の対策　82
コラム2　リモートハラスメント　84
(3)　サイバー攻撃　85
コラム3　災害やシステム障害を想定したBCPとサイバー攻撃を想定したBCPの違い　98
(4)　大規模地震　98
コラム4　マグニチュードと震度　101
(5)　火山噴火　119
コラム5　噴火警報・予報と噴火警戒レベル　131
(6)　オールリスクBCP　138
4　BCP見直しに関するQ&A　145

第3章

BCPの訓練をする

1　訓練のやり方　163
(1)　実技　165
(2)　読合せ　165
(3)　ロールプレイング　166
(4)　ワークショップ　169
(5)　その他　172
2　訓練のプロセス　172
(1)　計画（PLAN）　173
(2)　実施（DO）　173
(3)　評価（CHECK）　173
(4)　評価結果を活用した改善（ACTION）　174
3　各プロセスの詳細　174
(1)　計画　174
(2)　実施　182
(3)　評価　188
(4)　評価結果を活用した改善　189
4　訓練に関するQ&A　190

第4章

BCPを展開する

1　グループ会社への展開　202
(1)　グループ内でBCPの整合を図る　204
(2)　展開方法の事例　206

2　海外拠点への展開　207
⑴　展開時の留意点　207
3　サプライヤへの展開　208
4　サプライヤの被災を想定したBCPの取組み　209
⑴　サプライチェーンの途絶事例　210
⑵　サプライチェーン強化に向けた取組み事例　212
5　BCP展開に関するQ&A　216

巻末資料　SOMPOリスクマネジメントが提供するBCP関連サービス　219

索　引　225

第1章

BCPを作る

本章では，BCPを作成する際の基本的な考えとして，第1節でBCPの概念，第2節でBCPを作成するステップ，第3節で作成したBCPを運用するポイント，について述べる。

1　BCPとは

(1)　BCP・BCMの概念

BCPとは，Business Continuity Plan（事業継続計画）の略で，災害等の事象が発生した場合においても，あらかじめ定めた製品・サービスの供給を中断させないもしくは中断しても目標復旧時間内に再開させるための対応や必要な事前対策を記載した計画のことである。

そして，この計画を，PDCAサイクルを回すこと等によって的確に運用するための取組みをBCM（Business Continuity Management：事業継続マネジメント）という。BCMの取組みを適切に行った結果として発揮される効果は【図表1－1－1】に示すとおりである。

また，防災の取組み（避難訓練や消火訓練，建物の耐震補強など）は，従来から多くの企業が進めているが，防災と事業継続の取組みは目的や内容が異なるため，注意が必要である。一般に防災と事業継続の違いについては，【図表1－1－2】で定義される。

【図表１－１－１】BCMの取組みによる効果

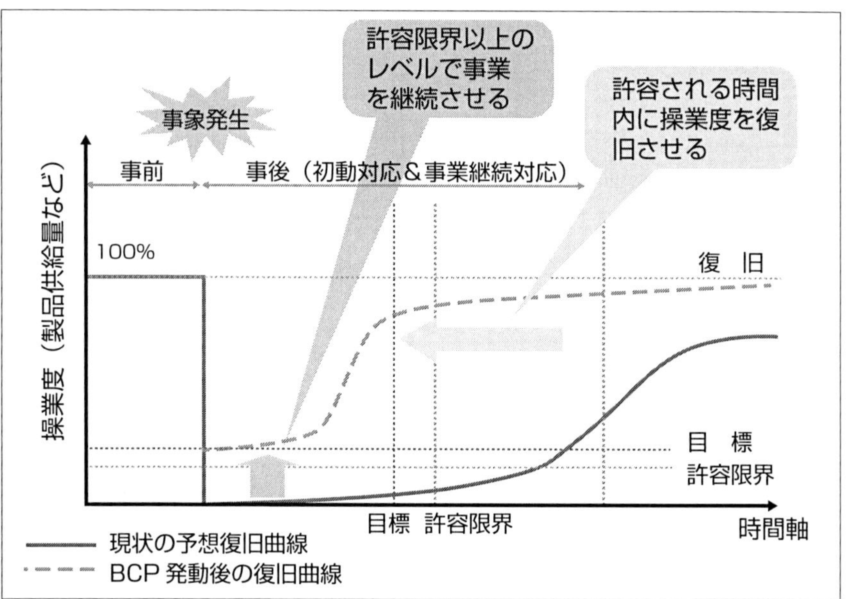

（出所）内閣府防災担当「事業継続ガイドライン－あらゆる危機的事象を乗り越えるための戦略と対応－（平成25年８月改定）」(http://www.bousai.go.jp/kyoiku/kigyou/pdf/guideline03.pdf)

【図表１－１－２】防災と事業継続の違い

	防災	BCP・BCM
主な目的	•身体・生命の安全確保 •物的被害の軽減	•左記に加え，優先的に継続・復旧すべき製品・サービスの供給継続または早期復旧
考慮すべき事象	•拠点がある地域で発生することが想定される災害	•自社の事業中断の原因となり得るあらゆる発生事象（インシデント）

	防災	BCP・BCM
重要視される事項	•以下を最小限にすること ➢死傷者数 ➢損害額 •従業員等の安否を確認し，被災者を救助・支援すること •被害を受けた拠点を早期復旧すること	•左記に加え，以下を含む。 ➢優先的に継続・復旧すべき製品・サービスの目標復旧時間・目標復旧レベルを達成すること ➢経営および利害関係者への影響を許容範囲内に抑えること ➢収益を確保し企業として生き残ること
活動，対策の検討の範囲	•自社の拠点ごと ➢本社ビル ➢工場 ➢データセンター等	•全社的（拠点横断的） •サプライチェーン等依存関係のある主体 ➢委託先 ➢調達先 ➢供給先 等
取組みの単位，主体	•防災部門，総務部門，施設部門等，特定の防災関連部門が取り組む	•経営者を中心に，各事業部門，調達・販売部門，サポート部門（経営企画，広報，財務，総務，情報システム等）が横断的に取り組む
検討すべき戦略・対策の種類	•拠点の損害抑制と被災後の早期復旧の対策（耐震補強，備蓄，二次災害の防止，救助・救援，復旧工事 等）	•代替戦略（代替拠点の確保，拠点や設備の二重化，OEM の実施 等） •現地復旧戦略（防災活動の拠点の対策と共通する対策が多い）

（出所）内閣府防災担当「事業継続ガイドライン－あらゆる危機的事象を乗り越えるための戦略と対応－（平成25年8月改定）」（http://www.bousai.go.jp/kyoiku/kigyou/pdf/guideline03.pdf）をもとに一部編集

上記のとおり，「BCP・BCM」の前提として安全確保が必要なため，「BCP・BCM」に「防災活動」が包含されているとみなすことができる（＝「広義のBCP・BCM」）。一方，「広義のBCP・BCM」のうち，防災活動（＝人命安全・

二次災害防止に関する取組み）と事業継続に関する取組み（＝業務・ビジネスの内容）を対比させる場合は，後者を指して「BCP・BCM」という場合がある（＝「狭義のBCP・BCM」）。使用する場面・文脈において，これら言葉の定義が異なるため注意が必要である。

(2)　BCPの必要性

企業にとってBCPが必要な理由について，企業の外的要因と内的要因の両面から見ていきたい。

まず外的要因の１つとして，企業を取り巻くリスクが変化していることが挙げられる。【図表１－１－３】は，近年発生した企業の事業継続に影響を及ぼした主な災害を挙げたものである。

【図表１－１－３】近年発生した企業の事業継続に影響を及ぼした主な災害

発生年月	名称	災害種類
1995/１	兵庫県南部地震（阪神・淡路大震災）	地震
2004/10	新潟県中越地震	地震
2007/７	新潟県中越沖地震	地震
2009/４～12	新型インフルエンザA/H１N１の流行	感染症
2011/１	平成23年１月新燃岳噴火	火山噴火
2011/３	東北地方太平洋沖地震（東日本大震災）	地震，津波，原子力災害，停電
2015/９	平成27年９月関東・東北豪雨	水害
2016/４	平成28年熊本地震	地震
2018/６	大阪府北部地震	地震
2018/７	平成30年７月豪雨	水害

発生年月	名称	災害種類
2018/ 9	平成30年9月台風第21号	水害
2018/ 9	平成30年北海道胆振東部地震	地震，停電
2019/ 9	令和元年房総半島台風，東日本台風	水害，停電
2019/12～	新型コロナウイルス感染症(COVID-19)	感染症
2020/ 7	令和2年7月豪雨	水害

これら以外にも，個別の企業を狙ったサイバー攻撃や，工場・倉庫・店舗における大規模火災など，企業の事業継続に影響を及ぼした事象を挙げれば枚挙にいとまがなく，企業を取り巻くリスクが多様化・多発化・激甚化していることがわかるだろう。

また，外的要因のもう1つとして，顧客・監督官庁等からの要請が挙げられる。顧客については，ものづくりのサプライチェーンを構成する仕入先メーカーに対して納入先メーカーが要請する場合や，飲食料を供給する仕入先メーカーに対して小売企業が要請する場合などが挙げられる。監督官庁については，社会機能維持者（金融機関，電力・水道・ガス業界，交通機関等）に対してBCPの策定およびBCPに基づく取組みの実施を要請する場合などが挙げられる。

次に企業の内的要因として，経営効率化に伴う拠点の集約，特定のサプライヤ・協力企業への依存，特定のシステムへの依存（＝システムなしで完結する業務がない）など，特定の業務リソースに対する集中・依存が近年ますます進んでいることが挙げられる。これはすなわち，ひとたび業務リソースが被害を受けた場合，影響が広範囲へ広がるということを示しており，企業の業務環境がリスクに対して脆弱となっているといえる。

これらのことから，リスクが顕在化した場合においても，あらかじめ定めた優先的に継続・復旧すべき製品・サービスの供給が中断しない，もしくは中断しても目標復旧時間内に再開させるための取組みが求められる。

⑶ BCPの普及

内閣府が令和元（2019）年度に調査した企業規模別のBCP策定率を【図表1－1－4】に示す。

【図表1－1－4】企業規模別のBCP策定率

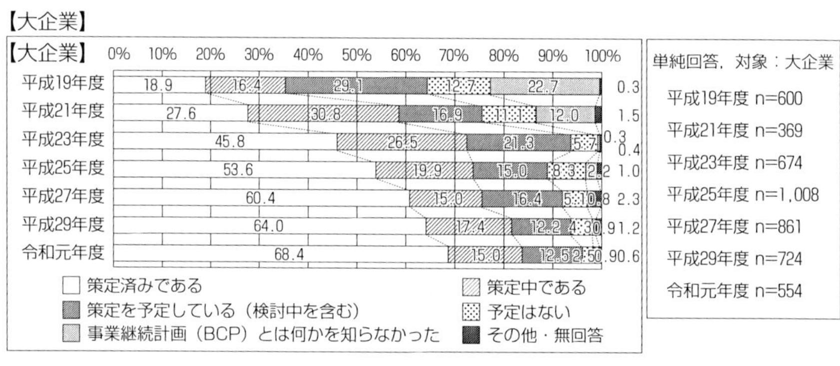

【中堅企業】

【中堅企業】	策定済みである	策定中である	策定を予定している（検討中を含む）	予定はない	事業継続計画（BCP）とは何かを知らなかった	その他・無回答
平成19年度	12.4	3.4	12.8	8.8	61.2	1.3
平成21年度	12.6	14.6	15.0	10.3	45.3	2.2
平成23年度	20.8	14.9	30.7	19.7	13.3	0.7
平成25年度	25.3	12.0	18.1	24.8	17.3	2.6
平成27年度	29.9	12.1	30.2	18.3	7.0	2.5
平成29年度	31.8	14.7	27.7	17.9	6.4	1.5
令和元年度	34.4	18.5	22.3	13.0	8.7	3.1

単純回答，対象：中堅企業
平成19年度 n=534
平成21年度 n=282
平成23年度 n=443
平成25年度 n=616
平成27年度 n=556
平成29年度 n=582
令和元年度 n=518

（出所）内閣府防災担当「令和元年度　企業の事業継続及び防災の取組に関する実態調査」（令和2年3月，http://www.bousai.go.jp/kyoiku/kigyou/topics/pdf/r2_jittaichousa.pdf）

策定中を含めると，大企業では8割以上（策定済み：68.4%，策定中：15.0%，合計：83.4%），中堅企業では半数以上（策定済み：34.4%，策定中：18.5%，合計：52.9%）が，それぞれBCPの策定を行っており，集計を始めた平成19（2007）年度から着々と取組みが進んでいることがわかる。

次に業種別のBCPの策定率を【図表１－１－５】に示す。

【図表１－１－５】業種別のBCP策定率

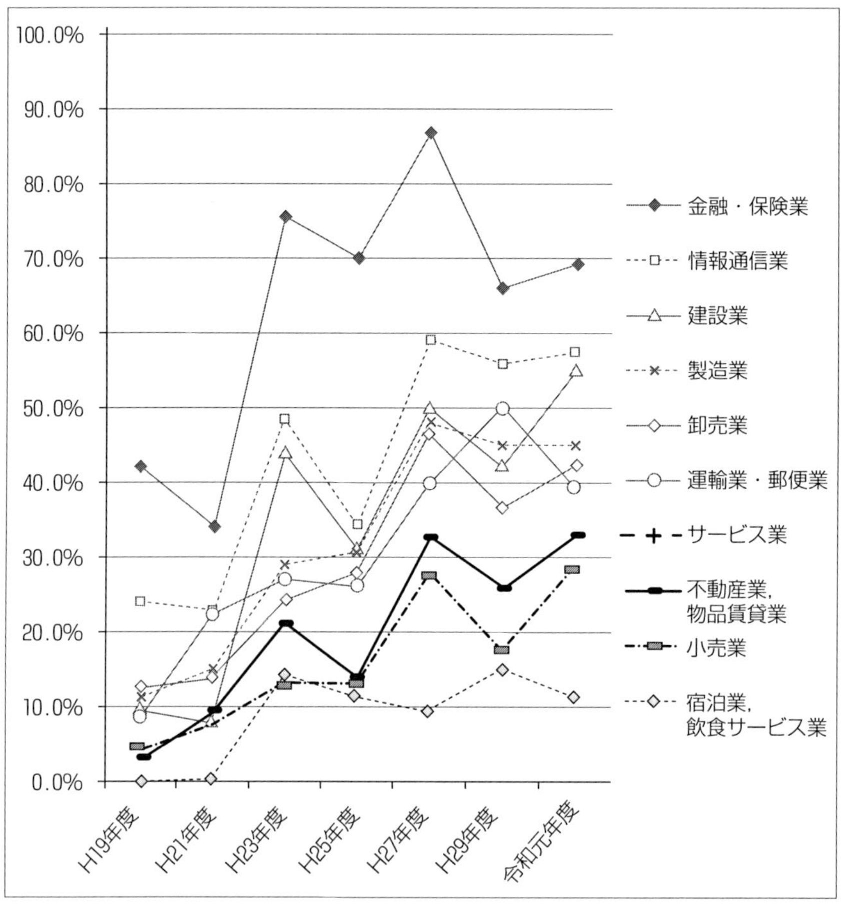

	H19 年度	H21 年度	H23 年度	H25 年度	H27 年度	H29 年度	令和 元年度
金融・保険業	42.1%	34.1%	75.6%	70.2%	86.9%	66.0%	69.2%
情報通信業	24.1%	22.9%	48.6%	34.4%	59.1%	55.9%	57.6%
建設業	9.4%	7.9%	44.1%	31.2%	50.0%	42.3%	55.1%
サービス業	9.2%	13.1%	25.3%	25.0%	35.1%	37.1%	47.1%
製造業	11.3%	15.0%	28.9%	30.5%	48.1%	45.0%	45.1%
卸売業	12.5%	13.9%	24.3%	27.9%	46.6%	36.6%	42.3%
運輸業・郵便業	8.6%	22.4%	27.1%	26.2%	40.0%	50.1%	39.4%
不動産業、物品賃貸業	3.1%	9.3%	21.2%	13.9%	33.0%	25.9%	33.0%
小売業	4.3%	7.5%	13.3%	13.2%	27.9%	17.6%	28.7%
宿泊業、飲食サービス業	0.0%	0.0%	14.3%	11.6%	9.4%	15.0%	11.4%

単数回答，令和元年度 n=1,651，平成29年度 n=1,985，平成27年度 n=1,996，平成25年度 n=2,196，平成23年度 n=1,634，平成21年度 n=1,018，平成19年度 n=1,518，ただし一度でも回答数30 社以下であった業種は除く。

（出所）内閣府防災担当「令和元年度　企業の事業継続及び防災の取組に関する実態調査」（令和２年３月，http://www.bousai.go.jp/kyoiku/kigyou/topics/pdf/r2_jittaichousa.pdf）

【図表１－１－４】同様，集計を始めた平成19（2007）年度から，全体の傾向としては取組みが進んでいるが，業種によって策定状況にばらつきがあることがわかる。比較的取組みが進んでいる業種としては「金融・保険業」(69.2%)，「情報通信業」（57.6%），「建設業」（55.1%）となっている一方，取組みが進んでいない業種としては「宿泊業，飲食サービス業」(11.4%)，「小売業」(28.7%)，「不動産業，物品賃貸業」（33.0%）となっている。

2　BCPの策定

本節では，【図表1－2－1】に沿って，BCPの策定ステップを解説する。

【図表1－2－1】BCPの策定ステップ

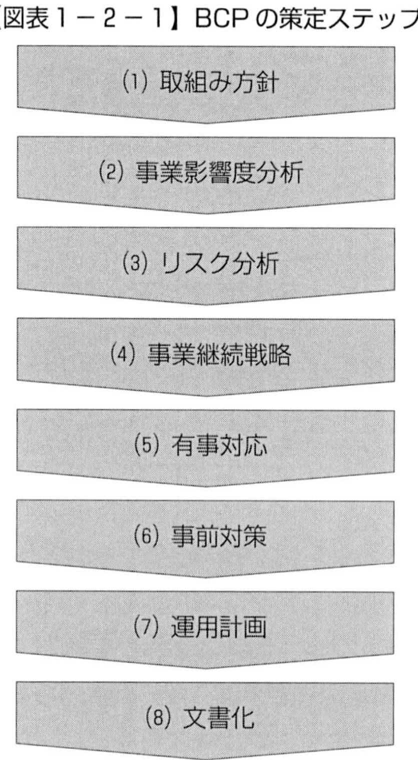

(1)　取組み方針

BCPを策定するにあたって，まず以下のような取組み方針を明確にし，関係者へ説明できるよう明示する。

①　目的
②　検討の対象範囲・進め方
③　対象リスク
④　実施体制
⑤　実施スケジュール

①　目　的

BCPの策定にあたって，関係者の取組み姿勢や考え方を揃えるため，策定する目的を明確にして共有する。例としては，社会的責任を果たす，取引先（顧客）との取引を維持する，自社の経営を維持するなどが挙げられる。

②　検討の対象範囲・進め方

検討の対象範囲としては，例えば，特定の機能（本社機能，生産機能など），事業，関連会社などが挙げられる。

検討の進め方としては，大きく分けて，対象範囲の中から限定した機能・事業に対して先行的に策定した後，残りの対象に展開する方法と，対象範囲のすべてを一斉に策定する方法に分けられる。後者はすでに確立されている策定方法を用いる場合（行政・社内のBCPガイドラインに基づく展開等）に採用されることが多い。

③　対象リスク

対象リスクとしては，発生自体を回避できない自然災害（地震，水害など）や頻度は低いが起きると深刻な影響を及ぼす事故等（感染症，サイバー攻撃，火災など）が挙げられる。考え方としては，対象リスクを特定する場合と特定しない場合があり，前者はリスクマップ[1]の評価結果等を参考に決定することが多い。後者はオールリスクBCPとして，事業継続に必要なリソースが失われた前提でBCPを作成する（オールリスクBCPについては第2章3(6)参照）。筆者の感触では最近では水害を想定したBCPや，オールリスクBCPを策定する企業も増えてきたが，被害の広がり（時間的×空間的）の観点から，わが国

1　グラフの縦軸・横軸に損害規模と発生頻度を取り，各リスクをグラフ内に落とし込むことで自社を取り巻くリスクを見える化し，対策優先リスクを洗い出すためのツール。

では地震を想定したBCPを作成する企業が多い。

なお，自社が被災しない場合でも，サプライヤの被災により事業が停止する事例も多く，サプライヤ停止に備えた取組みも必要である。これについては，「第4章4(2)サプライチェーン強化に向けた取組み事例」を参照されたい。

④　実施体制

BCP策定の実施体制として，主管部門・プロジェクト参画部門，および外部専門家の参加有無などを決定する（外部専門家については3(1)③も参照)。プロジェクト参画部門は上記②の検討の対象範囲と直結する。

また，BCPは，業務リソース（経営資源）が通常どおり使用できない非常事態において企業が生き残るために何を優先させるかという「経営戦略」であるため，経営層が策定を含む取組みに関与し，経営としての意思を反映させることが必要不可欠である。また，経営層が主導することでメンバーのモチベーションが向上することも副次的な効果として挙げられる。

⑤　実施スケジュール

②③の内容にもよるが，一般的に外部専門家を入れる場合では6か月程度で策定する場合が多い。自社で策定する場合でも，長期間にわたると担当者の異動や緊張感が持続しないおそれがあるため，1年以内を目途にすることが望ましい。策定するBCPの内容にこだわりすぎて期間を延ばすのではなく，まずは第一版として形にすることを優先したほうがよい。

(2)　事業影響度分析

事業影響度分析（BIA：Business Impact Analysis）とは，以下のステップによって，優先的に供給すべき製品・サービスの再開目標を設定し，製品・サービスの供給に必要なリソースを洗い出す取組みを指す。

①　製品・サービスの評価
②　BCP目標の設定
③　重要業務の選定
④　業務リソースの洗出し

①　製品・サービスの評価

BCP策定対象の機能・事業において，製品もしくはサービスの供給が停止した際における影響を時系列で評価する。評価する観点例を【図表１－２－２】に示す。

【図表１－２－２】製品・サービスの評価観点例

観点例	検討要素
顧客への影響	顧客からの評価，製品・サービスの特性など
社会への影響	自社のレピュテーション，地域社会・株主への影響など
市場シェアへの影響	自社の供給責任，シェアを守りたい製品・サービスなど
自社への影響	売上・利益への影響など

これらの観点から対象の製品・サービスの各期間における影響度を評価して，供給中断がいつまでなら耐えられるかの限界（許容限界）を検討する。

②　BCP目標の設定

①で検討した許容限界内で，製品・サービスの供給を再開する目標として，目標復旧時間（RTO：Recovery Time Objective），および目標復旧レベル（RLO：Recovery Level Objective）を設定する（検討イメージは【図表１－２－３】のとおり）。

【図表1－2－3】BCP目標の検討例

■供給再開に向けた目標の例

・発災後1か月以内にA社向けの製品aを出荷する。

・発災後1日以内に食料品の販売を再開する。

・通常の支払日に従業員給与を支払う。

<table>
<tr><th rowspan="2">製品・サービス</th><th colspan="2">①製品・サービスの評価</th><th colspan="2">② BCP目標</th></tr>
<tr><th>観点</th><th>許容限界</th><th>RTO</th><th>RLO，備考等</th></tr>
<tr><td rowspan="4">製品a</td><td>顧客への影響</td><td>1か月</td><td rowspan="4">1か月</td><td rowspan="4">1か月以内にA社向けを優先して供給
2か月以内にほぼ平常レベルで事業再開</td></tr>
<tr><td>社会への影響</td><td>－</td></tr>
<tr><td>市場シェアへの影響</td><td>2か月</td></tr>
<tr><td>自社への影響</td><td>2か月</td></tr>
<tr><td rowspan="4">店舗販売</td><td>顧客への影響</td><td>－</td><td rowspan="4">1日</td><td rowspan="4">1日以内に食料品を優先して販売
その後順次、生活雑貨・服飾品の販売を再開</td></tr>
<tr><td>社会への影響</td><td>3日</td></tr>
<tr><td>市場シェアへの影響</td><td>－</td></tr>
<tr><td>自社への影響</td><td>1週間</td></tr>
<tr><td rowspan="4">給与支払</td><td>顧客への影響</td><td>－</td><td rowspan="4">0日</td><td rowspan="4">通常の支払日に従業員給与を支払う
正確な給与データを支払えない場合は，前月同額で仮払いする</td></tr>
<tr><td>社会への影響</td><td>－</td></tr>
<tr><td>市場シェアへの影響</td><td>－</td></tr>
<tr><td>自社への影響</td><td>0日</td></tr>
</table>

評価する際の留意点として，内容や精度にこだわりすぎてここでの検討に時間をかけすぎないことが重要である。自社でBCPを策定する場合に最もつまずきやすいのがこの①②のステップで，筆者もこのステップでBCPの策定が頓挫したという企業を何社も聞いたことがある。なお，担当者レベルで時間をかけて細かく議論するよりも，経営者・管理職等の経験・知見で決めてしまうほうが，的を射ていてかつ時間も短く済むことが多々ある。

なお，ここで定めたBCP目標は，実現可能かどうかはこの段階ではわからないため，「(4)事業継続戦略」，「(5)有事対応」まで検討した後に再度見直す。

そして，ここまでの検討の結果で特に優先させる製品・サービスをそれぞれ「重要製品」「重要サービス」という（まとめる場合は，以下「重要製品・サービス」とする）[2]。【図表１－２－４】は業種別の主な「重要製品・サービス」の例である。平時に実施していなくても災害時に必要となるサービスを新たに実施することもあり，このサービスについても「重要サービス」として整理しておく必要がある[3]。

【図表１－２－４】業種別の主な重要製品・サービスの例

業種	重要製品・サービスの例
食料品製造業	•災害時に需要が高まる製品（パン，おにぎり，即席めん，飲料水など）
製薬業	•患者の命に関わる製品 •供給責任の高い製品（自社のみが供給している製品など）
自動車部品製造業	•顧客指定の優先車種に関わる製品
建設業	•施工建物の被害確認・早期復旧 •協定に基づく社会インフラの災害復旧工事
金融業	•預金支払 •決済機能
保険業	•保険金の支払
大規模商業施設	•食料品の販売 •帰宅困難者の受入れ

2　本書ではこのように定義しているが，これを「重要業務」と呼んでいる企業もあり，「③重要業務の選定」で述べる「重要業務」との違いに注意が必要である。

3　従業員の安否確認など「防災」の観点から実施する行動は，一般的には「重要サービス」に含めないが，後述の「重要業務」としてとらえることがある。

業種	重要製品・サービスの例
本社機能	• 社内外への情報発信 • 情報システムの維持 • 支払の継続 • 原材料の調達　など

「重要製品・サービス」の検討にあたっては，評価対象を製品とするのか製品群とするのか，また供給先の顧客別とするのか，評価する目的などに応じて選択する。

また，これらの評価については，事業環境が変化した場合等，後年見直す際において策定時の根拠を確認できるよう，評価の根拠・経緯等は確実に記録しておく。

なお，自社の置かれている事業環境から供給再開に向けた目標が明らかな場合や，顧客より供給再開に向けた目標（例：発災後1か月以内に製品aを出荷する）を依頼・提示されている場合などでは，この②までのステップを省略するケースがある。

③　重要業務の選定

次に，上記②で目標を設定した製品・サービスの供給に必要なすべての業務を洗い出す。洗出しにあたっては，製造業であれば受注から完成品の出荷までの製品供給に必要な一連の業務，非製造業であれば当該サービスの提供にあたって必要な業務となる。また，上記②で設定したBCP目標の達成にあたって，各業務のRTOを設定する（**【図表1－2－5】**は検討イメージ）。

【図表 1 － 2 － 5】各業務の目標復旧時間（RTO）の検討イメージ

部署名 （誰が）	重要業務名 （何を）	目標復旧時間 （いつまでに）
総務課	執務場所, 事務機器（パソコン, 電話, FAX 等）を確保する	2週間以内
人事課	出社可能な社員を把握する	3日以内
情報システム課	通信，情報システム利用環境を復旧する	3週間以内
生産技術課	生産に必要なインフラ，エネルギーを確保する	3週間以内
	生産設備を確保（復旧）する	3週間以内
品質保証課	検査機器を確保（復旧）する	2週間以内
	在庫品の良否を確認する	3週間以内
調達課	必要な原材料を確保する	3週間以内
営業部	輸送手段を確保する	1か月以内
	顧客要求を確認する	3週間以内
生産管理課	生産計画，出荷計画を立てる	3週間以内
製造課	要員計画を立て，人員を確保する	3週間以内
	製品を生産する	1か月以内

■食品メーカーにおける重要業務例

※重要製品：即席めんの製造として

・受注

・生産管理

・原材料の購買・調達

・製造

・検査

・出荷　など

■保険業における重要業務例

※重要サービス：保険金の支払として

・現地調査
・支払金額の査定
・保険金の振込　など

④　業務リソースの洗出し

上記③で選定した業務について，業務の実施にあたって必要なリソースを漏れなく洗い出す。洗い出す際には，従業員や設備といった社内リソースのみにとどまらず，社外リソース（電力・水道，サプライヤ，委託先など）も含めて漏れなく洗い出すことが必要である（以下は洗出しの観点や業務リソースの例）。

- ヒト（特定のスキル・資格・承認権限者，人数など）
- 施設・執務環境
- 設備・機器・金型・治工具
- 情報資産（情報システム，データ，設計図等の紙資料も含む）
- 原材料・部品・副資材
- 委託先
- ライフライン（電力，上下水道，ガス，インターネット環境，物流など）
- 資金　など

【図表1－2－6】製造業の業務リソース例

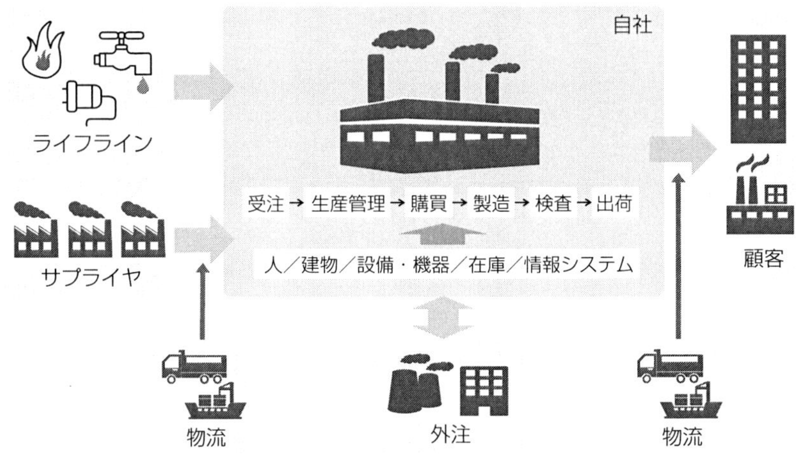

【図表1－2－7】非製造業の業務リソース例

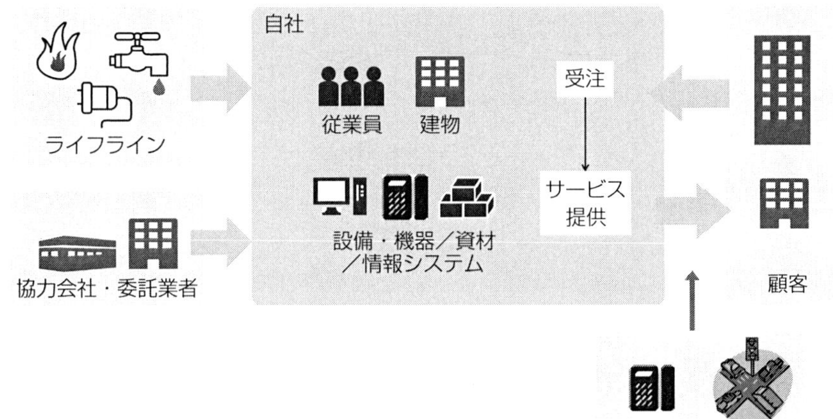

(3) リスク分析

ここでは，上記(1)③で特定した対象リスクが顕在化した場合に，上記(2)④で洗い出した各リソースが受ける被害や確保できる見通しを想定する。想定にあたっては，行政の公表している被害想定やハザードマップなども踏まえて，対象リスクの顕在時に各リソースの被害状況を具体的にイメージすることが重要である。【図表1－2－8】に地震を対象にした被害想定の例を示す。

【図表1－2－8】地震を対象にした被害想定例

<table>
<tr><th colspan="3">項目</th><th>発災当日</th><th>～3日</th><th>～1週間</th><th>～2週間</th><th>～3週間</th><th>～1か月</th><th>1か月～</th></tr>
<tr><td rowspan="10">ライフライン</td><td colspan="2">電力</td><td colspan="2">停電</td><td colspan="5">復旧</td></tr>
<tr><td rowspan="4">通信</td><td>固定・携帯電話（通話）</td><td>使用不可（輻輳の発生）</td><td>使用可（輻輳の影響あり）</td><td colspan="5">復旧</td></tr>
<tr><td>携帯電話（メール）</td><td colspan="2">使用可（遅配）</td><td colspan="5">復旧</td></tr>
<tr><td>衛星携帯電話</td><td colspan="7">使用可</td></tr>
<tr><td>インターネット</td><td colspan="2">使用可（停電等の場合は使用不可）</td><td colspan="5">復旧</td></tr>
<tr><td colspan="2">都市ガス（低圧）</td><td colspan="4">使用不可</td><td colspan="3">復旧</td></tr>
<tr><td colspan="2">都市ガス（中圧）</td><td colspan="7">使用可</td></tr>
<tr><td colspan="2">LPガス</td><td colspan="7">使用可</td></tr>
<tr><td colspan="2">上水道</td><td colspan="4">使用不可</td><td colspan="3">復旧</td></tr>
<tr><td colspan="2">下水道</td><td colspan="4">使用不可</td><td colspan="3">復旧</td></tr>
</table>

<table>
<tr><th>項目</th><th>当日</th><th>1日後～</th><th>1週間後～</th><th>1か月後～</th></tr>
<tr><td>道路</td><td colspan="2">交通規制実施（一般車両通行不可，緊急通行車両のみ通行可）</td><td>一部で交通規制解除され通行可</td><td>通常どおり通行可</td></tr>
<tr><td>鉄道</td><td colspan="2">点検，応急復旧工事のため不通</td><td>一部で運転再開するが復旧工事継続</td><td>運転再開</td></tr>
</table>

項目	当日	1日後～	4日後～	1週間後～	2週間後～
従業員の出社	全員帰宅	管理職・復旧対応メンバーのみ出社（残りの従業員は自宅待機）	50%の従業員が出社可	80%の従業員が出社可	全従業員が出社可

建物の前提条件

- 建屋は倒壊しない。
- 出火はしても，自衛消防隊による初期消火により，事業継続に影響する火災は発生しない。
- 災害発生後，ゼネコンによる建屋の安全確認が速やかに完了済みであり，建屋内の被害確認は実行可能とする。
- 建屋被害は発生するものの，応急措置を行うことで使用は可能。

設備の前提条件

- 床置きの設備で，耐震固定が未実施の設備は，移動・転倒による被害が発生する。
- 設備は安全に停止し，爆発などの二次災害は発生しない。
- 天井の吊物（空調ダクト，配管，蛍光灯など）の中で，振止めなどの耐震補強が未実施の吊物は落下する。
- 天井走行クレーンで，脱輪防止対策未実施のクレーンは，落下しないものの，脱輪する。

外部のデータセンターの前提条件

- 外部のデータセンターは，自家発電設備の稼働により稼働している。

サプライヤ等からの原材料供給

- 拠点の生産再開に間に合うように材料等の供給が行われ（供給量も問題なし），生産には影響しない。

これらの被害想定をもとに重要製品・サービスが停止する期間を想定し，上記(2)②で定めたBCP目標とのギャップを確認する。例えば，以下の状態のときに１か月のギャップがあることを確認する。

- 【現状】重要製品Aの想定停止期間：製品供給が２か月停止する。
- 【目標】供給再開に向けた目標：１か月以内に重要製品Aの供給を再開する。

この目標に対する現状のギャップを解消するため，次の(4)以降で，事前の取組みおよび有事の際の行動の両面から検討する。

また，被害を受けると想定されるリソースの中で，大きなギャップの要因となっていて，確保しないと当該重要製品・サービスの供給再開を早めたり，供給レベルを上げたりすることができない特定のリソースを「ボトルネック」として把握する。よくあるボトルネックの内容を【図表１－２－９】に示す。

【図表１－２－９】ボトルネック例

リソース	内容
ヒト	•特定のスキル・資格の保有者
設備・機器・金型・治工具	•オンリーワンのもの •壊れやすいもの •直すのが難しいもの（保証期間の過ぎているもの） •調達に時間のかかるもの（海外製のもの，特別仕様のもの）など
原材料・部品など	•オンリーワンのもの（特に顧客の承認を得ているもの）

これらの把握したボトルネックについては，後記(6)の中で，解消に向けた事前の取組みを検討する。

(4) 事業継続戦略

対象リスクが顕在化したときに，上記(2)で設定したBCP目標（RTO，RLO）を達成するために，どのように重要製品・サービスを継続・再開するかの方針（＝事業継続戦略）を検討する。本書では，この事業継続戦略を事業を継続する場所に着目して，大きく以下の①現地戦略と，②代替戦略に分ける（【図表１－２－10】参照）。

【図表１－２－10】事業継続戦略の例

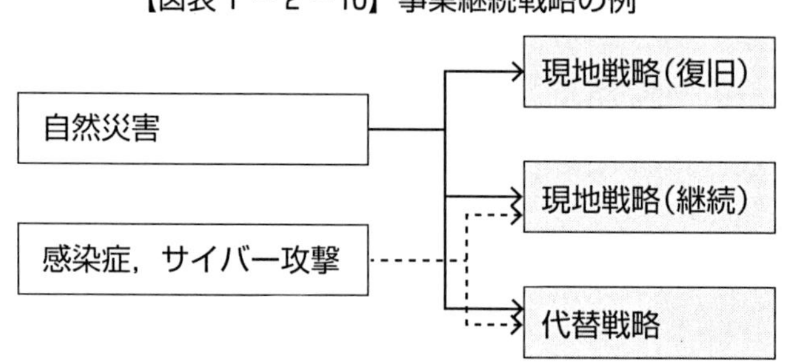

①　現地戦略

現地戦略は，業務リソースの被害が軽微もしくは復旧を待てる程度に抑えられている前提で，通常時に操業している拠点にて重要製品・サービスの供給を早期復旧・継続させる戦略である。例えば，被害を受けた拠点を復旧して操業を再開させる場合（現地戦略（復旧））や，感染症がまん延する中で出社する従業員数を制限しながら操業を縮小して継続する場合（現地戦略（継続））などが挙げられる。

自然災害などで早期復旧させる場合は，被害が軽微にとどまっていることが現地戦略の前提となるため，必要な業務リソースを守るための事前対策も合わせて実施しておく必要がある。また，拠点自体の喪失（例：大規模火災，想定外の津波浸水）など，前提よりも大きな被害が発生した場合はこの戦略が採用できないなど，対応できるリスクが限られている。したがって，次の代替戦略も合わせて検討しておき，リスク顕在化時の状況に応じて，採用する戦略を選択することが望ましい。

②　代替戦略

代替戦略は，通常時に使用している業務リソースに被害が発生した場合に，通常時に操業している拠点以外で，重要製品・サービスの供給を継続・再開させる戦略である。被害を受けた拠点で生産していた製品を他拠点（自社／他社）で代替生産する場合や，感染症まん延時に従業員がテレワークによって業務を行う場合などが挙げられ，導入例としては，企業の東京本社が被災した場合に，大阪の拠点にいる従業員が一時的に一部業務（従業員の安否集約，各拠点の被害情報の集約，社内外への情報発信など）を代替することなどがある。

拠点が１つしかない企業や製造業の生産拠点においては自社代替が難しく，①の現地戦略のみを検討しがちだが，実効性確保のため経営判断として他社との連携も含めた代替戦略も検討を推奨する。

なお，この戦略が採用できず，許容限界内に重要製品・サービスの供給を再開できないことが想定される場合は，リスク顕在化後に経営判断の選択肢として事業の転換や撤退もあることを認識しておく。

ここで検討した戦略によって，(2)で設定したBCP目標が実現できるかを確認する。検討した戦略によって目標が実現できない場合は，目標を修正する。

(5) 有事対応

ここでは，対象リスクが顕在化したときに，「誰が」「いつ」「どのように」行動するかを整理する。これまで洗い出された重要業務の実施手順と合わせて，対象リスクが顕在化した場合の態勢や初動対応手順についても整理する。

「誰が」の観点では，リスク顕在化後からの経過時間や行動目的によって，主体となって行動する組織が異なるため，明確化する（例：防災対応は総務部門，事業継続対応は事業部門がそれぞれ主体となるなど）。また，被害規模・範囲等によって対応する組織を変えることも挙げられる（被害規模・範囲が大きいほど全社的な態勢とするなど）。

「いつ」の観点では，実施する対応の優先順位や(2)②で検討したRTOをもとに，いつまでに実施するかを時系列で整理する（アクションリスト等）。

「どのように」の観点から整理する際のポイントは以下のとおりである。

- 文書のメンテナンス等の観点から行動内容を細かく記載するのではなく，行動事項とポイントを列挙する程度が望ましい。細かい留意点等はすべて文書化するのではなく，教育・訓練等で参加者に考えてもらう（有事の際に必ずしもすべての文書を見ながら行動するわけではない）。なお，普段から実施している業務で担当者が習熟しているものは細かく文書化しなくてよい。
- 各行動について，実施主体・連携先・使用ツールなどを明確にしておく。
- 事業継続対応については，(4)の事業継続戦略で設定した内容を踏まえて何をするかを整理する。特に代替戦略の場合，代替の決定権者（代行順位含む）や代替時のポイント（代替先への引継方法など）についても整理しておく。

また，ここで検討した対応によって，(2)で設定したBCP目標（RTO，RLO）が実現できるかを再度確認する。検討した対応によって目標が実現できない場合は，目標を修正する。

(6)　事前対策

(4)や(5)を「絵に描いた餅」に終わらせず実際に実行できるようにするために，必要な事前対策を検討する。事前対策の切り口についてはいくつかあるが，ここでは①「ソフト対策」，②「ハード対策」，③「スキル対策」に分けて，主要な取組み内容を紹介する。

①　ソフト対策

ソフト対策とは，BCPに関するルール・手順書などの策定・見直しのことで，従業員の安否確認手順や拠点の被害確認手順，重要業務の実施手順などが挙げられる。

②　ハード対策

ハード対策とは，建物・設備・機器・備品類に関する取組みである。各リスク個別に検討・実施する必要のある「防災・減災対策」と，リスクを問わず「必要な設備・機器類の整備」に分けることができる。

「防災・減災対策」は，地震については建屋・設備等の耐震化，水害については建屋・設備等の浸水対策が挙げられる。

「必要な設備・機器類の整備」については，対策本部の運営や(5)で検討した行動を実施する上で必要な設備・機器類を整備するものである。代表的なものを以下に示す。

- 非常用電源
- 通信手段（衛星携帯電話，IP無線等）
- 投光器
- 複合機
- ラジオ
- ホワイトボード

③　スキル対策

スキル対策は，大きく教育と訓練に分けられ，ともに継続して実施することが重要である。

教育の内容としては，BCPに関する基礎知識（BCPの必要性・概念，自社のBCPの内容など）や特定のスキルに関するものが挙げられる。BCPに関する基礎知識は，研修・eラーニング等によって広く従業員へ浸透させ，特定のスキルに関するものは，特定の部署の従業員に対してOJT等によって習熟させる取組みが取られることが多い。

訓練は，対象者・目的に応じて設定する。詳細は第3章で述べる。

これらの切り口の対策は自社の現状に鑑み，バランスよく取り組んでいくことが重要である。

また，ここで検討した事前対策については，対策実施計画に落とし込み，実施担当と実施期限を明確にした上で，計画的に取り組んでいくことが必要である。

(7) 運用計画

運用計画とは，策定したBCPの実効性を向上・維持するための平時の取組みについて定めたものである。具体的には，教育・訓練，BCPの見直し，展開，経営層への報告等のBCMの活動を年度内のスケジュールに落とし込んだものである。BCPの策定と合わせて，運用計画も作成するケースが多い。

(8) 文書化

ここは，これまで検討してきた内容を文書化する最後のステップである。文書の構成や体裁について決まりはないが，使いやすさやメンテナンスの容易さ，および他文書との関係性を考慮し，以下の点などに留意して文書化する（チェックリストイメージは【図表1－2－11】参照）。

- 行動主体で文書を分ける（例：本社と支店）。
- 同一の主体による行動は原則時系列で整理する。
- 行動の詳細は本文に記載せず，関連するチェックリストとして作成する。

本文の目次例

1．総則：目的，基本方針，適用範囲
2．有事の対応態勢：構成・役割，設置場所，設置基準
3．リスク顕在化時の対応：重要製品・サービス，目標復旧時間，重要業務とその実施方法
4．平時の取組み：教育・訓練，BCPの見直し，経営層への報告

【図表1－2－11】チェックリストイメージ

時間	ステップ	行動の目的	出張所	支社
地震発生		身の安全確保 二次災害の防止	安全確保 避難行動	安全確保 避難行動
発災後〜6時間	初動対応	【社員・会員の支援】		途中の組織が機能停止となっている場合は、
		安否確認	□ 安否確認 □ 社員、来訪者の安否確認 □ 社員家族の安否確認 □ 社員・家族の安否とりまとめ □ 連絡手段の確認・確保	□ 安否確認 □ 社員、来訪者の安否確認 □ 社員・家族の安否確認、取りまとめ □ 連絡手段の確認・確保 □ 地区の安否集約 支社現地対策本部設立 □ 報道による情報収集の継続
			□ 安否報告 →	□ 安否集約 □ 安否報告 → □ 被災状況確認・報告
			←	□ 安否情報、被害追加情報提供依頼 ←
			□ 情報を出張所が受領 ←	□ 情報を出張所へ共有 ←
		従業員・来訪者対応	□ 帰宅/残留対応 □ 社員等の帰宅是非（安全性）判断 □ 社員等の帰宅指示 □ 帰宅する社員等への支援 □ 帰宅困難者の宿泊場所確保 □ 帰宅困難者への物資提供	□ 帰宅／残留対応（対策本部拠点） □ 社員等の帰宅是非（安全性）判断 □ 社員等の帰宅指示 □ 帰宅する社員等への支援 □ 帰宅困難者の宿泊場所確保 □ 帰宅困難者への物資提供
6時間〜72時間	事業継続対応	【事業継続対応】		
		情報統制		□ 外部からの問い合わせ対応 □ 本社・支店への対応依頼
		対応体制確認	←	□ 店舗状況の確認依頼 ←
			□ 出張所被災状況確認・報告 □ 店舗の被災状況 □ 商品・部品の供給可否 □ 車両等の使用可否 □ お客様対応要員の有無 ↓ □ 確認結果報告・とりまとめ →	□ 支社/出張所の対応体制集約・報告 → □ 出張所支援検討
72時間〜一週間	事業復旧対応	【事業復旧対応】		
		地域支援	□ 市区町村との協定対応	
			←	□ 出張所への協定対応依頼 ←
			□ 商品・サービスの供給 ←	□ 稼働情報提供 ←
			←	□ 出張所への活動支援 ←
			□ 協定対応状況の継続的な報告 →	□ 協定対応状況の継続的な報告 →
		事業再開	□ 店舗復旧・顧客への商品・サービス供給 □ 店舗の片づけ □ 設備等の確認	
〜一カ月				支社現地対策本部解散

行動		
支店	本社 対策本部	担当者
安全確保 避難行動	安全確保 避難行動	安全確保 避難行動
その上位/下位の組織または近隣の組織と連携する		
□ 安否確認 □ 社員、来訪者の安否確認 □ 社員家族の安否確認 □ 連絡手段の確認・確保 □ 報道による被害(第一報)の確認	□ 安否確認 □ 事務所内で社員および来訪者の点呼・安否確認 □ 社員家族の安否確認 □ 連絡手段の確認・確保 □ 報道による被害(第一報)の確認	
支店現地対策本部設立	対策本部設立	
□ 報道による情報収集の継続 □ 社員・家族の安否情報集約	□ 報道による情報収集の継続 □ 社員・家族の安否情報集約	□ 連絡手段の確認・確保 □ 対策本部設置の確認
□ 支社の安否集約 □ 本社へ支店の安否報告 □ 被災状況確認・報告	□ 全支店の安否情報集約 □ 担当者へ全事業者の安否報告 □ 被災状況確認・報告	□ 全事業者の安否報告 □ 被災状況確認・報告
□ 安否情報、被害追加情報提供依頼	□ 安否情報、被害追加情報提供依頼	
□ 情報を支社へ共有	□ 情報を支店へ共有	□ 情報収集・本部に共有
□ 帰宅/残留対応 (対策本部拠点) □ 社員等の帰宅是非(安全性)判断 □ 社員等の帰宅指示 □ 帰宅する社員等への支援 □ 帰宅困難者の宿泊場所確保 □ 帰宅困難者への物資提供	□ 帰宅 / 残留対応(対策本部拠点) □ 社員等の帰宅是非(安全性)判断 □ 社員等の帰宅指示 □ 帰宅する社員等への支援 □ 帰宅困難者の宿泊場所確保 □ 帰宅困難者への物資提供	
□ 外部からの問い合わせ対応 □ 支店として対応(本部支援)	□ 外部からの問い合わせ対応 □ 外部からの問い合わせ対応 □ 外部への情報提供	□ 情報連携 □ 関係省庁との情報連携
□ 店舗状況の確認依頼	□ 店舗状況の確認依頼	□ 店舗状況の確認指示
□ 支店の対応体制集約・報告 □ 出張所支援検討	□ 支店の対応体制集約・報告 □ 出張所支援検討	□ 全確認結果を報告 □ 全確認結果を報告
□ 支社への協定対応依頼 □ 稼働情報提供 □ 支社の活動支援 □ 協定対応状況の継続的な報告	□ 支店への協定対応依頼 □ 稼働情報等提供 □ 支店の活動支援 □ 協定対応状況の継続的な報告	□ 協定対応調整 □ 本部との情報連携 □ 協定対応状況の共有
支店現地対策本部解散	対策本部解散	

3 BCPの運用（BCM）

(1) 推進体制の整備

① 推進部門

BCMの取組み（BCPの策定や，策定したBCPの全社への浸透，および教育・訓練等による実効性の維持・向上を図る取組み）にあたっては，一般的なリスク管理と同様に，担当する部門を明確にして取組みを進める必要がある。すでにリスク管理を担う専任部門があれば当該部門が事務局として推進するが，専任部門がない場合は，経営企画部門，総務部門（平時のリスク管理統括部署として），メーカーなら安全・環境推進部門，CSR担当部門などが推進することが多い。

なお，企業によっては従来の防災の延長として，防災担当部門（総務部門，施設部門等）がそのままBCPを担当する場合もあるが，事業部等を含めた全社を動かすことに苦慮するケースが目立つ。

また，全社的にBCMの取組みを継続して実施するためには，前述の部門が主管となって，関連する部門（各事業部門，調達・販売部門，コーポレート部門等のBCPの策定対象部門やBCMの運用対象部門）も含めた常設の委員会組織を組成することが多い（【図表1－3－1】参照）。また，新設ではなく，既存のリスク管理委員会で担う場合もある。

さらに，BCMの取組みを継続・発展するため，人事異動や担当者の教育・増員などの観点も含めて，各年度で担当者を見直す必要がある。

【図表1－3－1】BCM推進委員会の例

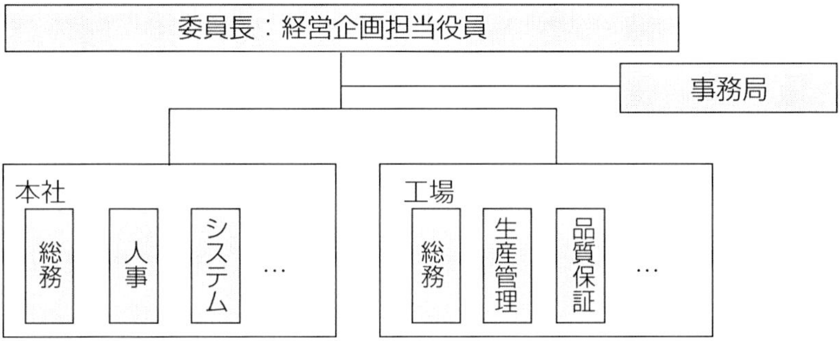

②　経営層の関与

BCMは不測の事態においても事業を継続するための平時からの取組みであり，企業経営に直結することから，経営層の責任および積極的な関与の下，取組みを進める必要がある。また，BCMの取組みについては，PDCAサイクルを回し続けることによって徐々に「力」が備わってくるものであり，すぐに結果や効果が生じないことを経営者が理解して，長期的な観点から継続的に取り組んでいく覚悟も求められる。

BCPの内容は，危機発生時における企業の経営戦略を示したものであることから，経営層として内容を確認・判断する必要がある。経営層がBCPを理解していない場合や，危機発生時の対応方針について平時から合意していない場合は，危機発生時にすべての対応方針について担当者が経営層へ判断を仰ぐこととなる。つまり，担当者からの報告に対して経営層がすべての対応方針を決定するため時間のロスが生じ，結果として，対応の遅れを招くこととなってしまう。

そのため，経営層がBCMや危機管理に平時より深く関与（訓練への参加等）し，どのような理念・価値観で対応を判断すべきかを現場に伝えておくことが重要である。その結果，危機発生時の業務復旧などは現場に安心して任せることができ，経営層としては，現場の状況把握に加え，現場で解決できない課題の判断等にのみ専念するといった，スピード感を持った危機対応を行うことができるようになる（【図表1－3－2】参照）。

【図表1－3－2】平時における経営層の関与度合いによる意思決定の量の違いのイメージ

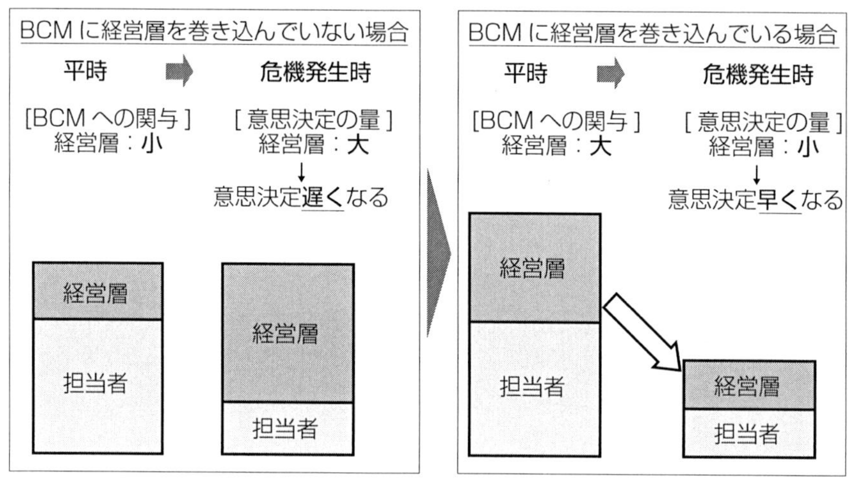

③　外部専門家の活用

外部専門家を活用する段階としては主に，(ア)BCPの策定，(イ)策定したBCPの見直し，(ウ)訓練，が挙げられる。以下にそれぞれの段階での活用の特徴を示す。

(ア)　BCPの策定

一般的には外部専門家に依頼した場合，他社での策定事例などをもとに最低限必要な項目を押さえた，バランスよい分量（＝多くなりすぎず少なくなりすぎない）のBCPを，効率よく策定できるというメリットがある。一方で，すべての過程を専門家任せにしてしまうと，BCP策定時のノウハウが組織内に蓄積されず，次の(イ)(ウ)（特に(イ)）を自社単独で実施できないという事態も起こり得るため，注意が必要である。

(イ) 策定したBCPの見直し

策定後時間を置かずにBCPを見直す場合は，自社で比較的容易に実施することが可能だが，策定後そのままの状態で時間が経過して当時の関係者もいなくなってしまった場合には，思い切って外部専門家を活用してみることを推奨する。なお，初回策定時に外部専門家に依頼した場合は，別の専門家を頼ることも専門家による偏りや抜漏れを防ぐ観点でも有効だろう。

(ウ) 訓　練

BCPを策定して間もない時期等に行う比較的難易度の低い読み合わせ訓練や実機を用いた実技訓練であれば，自ら企画して実施する企業も少なくない（訓練の種類については，第3章1参照）。一方，その先の比較的難易度の高いロールプレイング訓練やワークショップ訓練を実施する場合（特に初回）は，外部専門家に訓練の企画・運営を依頼すると，効率的に訓練を実行することができる。また，自社単独でこれら難易度の高い訓練をすでに企画・運営している企業でもマンネリ化している場合等には，専門家の活用も有効である。

(2) BCMの各プロセス

BCMは，作成したBCPをPDCAのサイクルによって実効性を維持・向上させる取組みとなる。それぞれのフェーズでの実施事項を【図表1－3－3】に示す。

【図表1－3－3】BCMにおけるPDCAサイクル

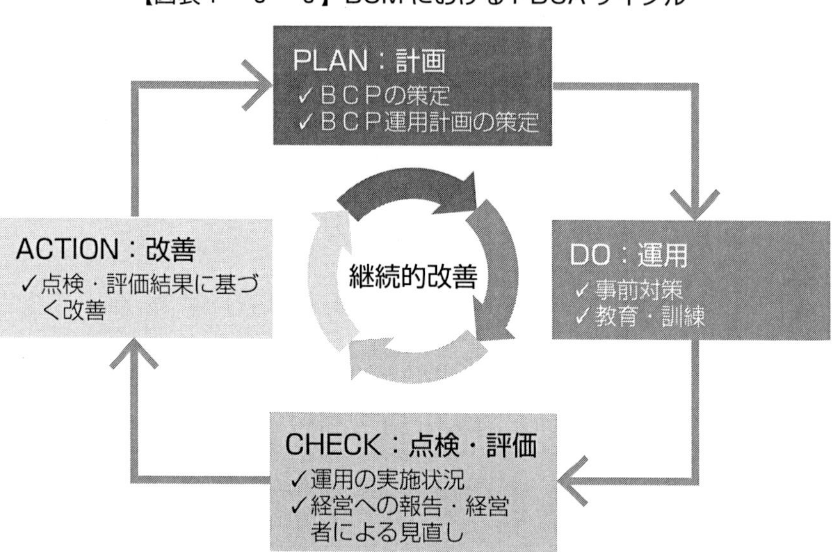

P（PLAN：計画）は，BCPおよびBCPの運用計画を策定することを指す。

D（DO：運用）は，BCP策定時に検討した事前対策の実施や，策定したBCPに基づく教育・訓練の実施を指す。

C（CHECK：点検・評価）は，訓練などによって，ルールや対策の有効性・妥当性を点検することを指す。経営層によるレビュー（経営層への報告・経営者による見直し）も合わせて行うことも多い。

A（ACTION：改善）は，Cでの点検・評価結果に基づいて，BCPを改善することを指す。

このPDCAサイクルを定期的に確実に回すことができるように，運用計画として「誰が」「いつ」「どのように」「何を」行うかを，明確にしておくことが望ましい。

4　BCP 策定に関する Q&A

Q1

BCP の作成単位を教えてください。当社は，工場・支店・営業所など複数の機能拠点がありますが，全拠点を対象に BCP を作らないといけないのでしょうか。

<A 1>…………………………………

BCP は，重要製品・サービスを提供するための機能を対象として，その機能が停止した場合に当該機能を維持・代替もしくは早期復旧する取組みを整理した計画です。そのため，各拠点の担っている機能の重要度に応じて BCP の要否を判断すればよく，必ずしもすべての拠点を対象に BCP を作成する必要はありません。各機能に応じた取組み方針例を以下に示します。

- 本社（コーポレート）機能：本社が被災した場合における，本社（コーポレート）機能や対策本部の役割の実施方法を整理する（他拠点での一時的な代替等）。
- 生産機能：全社的な生産機能の維持に向けた考え方（工場が複数ある場合の自社内代替／そうでない場合の他社代替の方針）およびそのために必要な手順と，各拠点が被災した場合の復旧対応手順をそれぞれ整理する。
- 営業機能（支店・営業所）：顧客との連絡を維持できるよう連絡先を整備・共有しておく。

なお，BCP まで作成しない拠点でも人命安全確保は必須ですので，それらの観点から，防災行動（すなわち，災害発生時や予兆時の安全確保のための行動手順を示した地震初動マニュアルや水害タイムライン等）は整備しておく必要があります。

Q2

1つの事業所に複数の製品群の事業部門が入っている場合，BCPの作成単位はどう考えたらよいでしょうか。

<A 2>......................................

防災行動に関するマニュアル（地震初動マニュアル，水害タイムライン等）は拠点単位で作成し，事業継続に関する取組みについては，事業部門単位で作成することを推奨します。一方で，Q2のような場合，どの製品群，すなわちどの事業部門の製造ラインから先に復旧させるべきか，という事業部門をまたぐ高度な判断が必要となる可能性が生じることも考えられます。このような場合に備えた最終判断者を明記しておくとよいでしょう。

Q3

過去，自社でBCPの検討を行いましたが，BIAで頓挫して策定できませんでした。BIAを簡単に実施する方法はありませんか。

<A 3>......................................

頓挫した場合は，まずはBCPの策定目的に立ち返ってみるとよいでしょう。企業の存続が目的であれば，自社の売上に最も貢献している製品・サービスが，重要製品・サービスとなります。多くの企業では，厳密なBIAを省略しても，比較的容易にそのような製品・サービスは決められると思います。受注生産を事業とする会社など，どうしてもあらかじめ決めることができない場合は，被災した時に，「その時の状況を踏まえて，優先的に復旧する製品・サービスを決定すること」自体を重要業務とすることでも構わないと考えます。

第2章

BCPを見直す

1　見直しの必要性

一度 BCP を作れば，その有効性がいつまでも続くわけではないということは，BCP 策定に携わったことのある方ならよく理解されているだろう。

筆者は一からの BCP 策定支援だけでなく，企業が自前で作成した BCP の見直し支援を行うことも多い。見直しが必要となる理由としては，およそ次のようなことが挙げられる。

(1)　元々の BCP が不完全だったことによるもの

不完全には，次のようないくつかの場合がある。

①　BCP の検討対象とした組織，業務が一部にとどまっていること ②　防災対応止まりで，事業継続まで踏み込んでいないこと ③　事業継続戦略が具体化されていないこと 　－事業継続の手順がない 　－戦略実行の裏づけとなる事前対策が実施されていない

①　BCP の検討対象とした組織，業務が一部にとどまっていること

そもそも既存 BCP が社内組織や業務の全体をカバーして検討されていなかったという場合は，過去の BCP 策定のやり方を社内に水平展開して，カバー範囲を広げていけばよい。

②　防災対応止まりで，事業継続まで踏み込んでいないこと

BCP を策定したつもりでいたにもかかわらず，実は防災対応や危機管理態勢の規定止まりで事業継続まで踏み込んで検討されていなかった場合だが，こういった事例も多い。文書の表紙に「事業継続計画（BCP）」と記されていても，ページをめくるとその中身は自然災害の場合であれば避難，安否確認，消火等の人命安全確保に係る初動対応，また感染症の場合であればマスク着用・手洗

いなどの感染予防策にとどまっているものも多い。あるいは，危機時における社内の情報連絡体制や対策本部の構成・役割を記して終わっている事例も散見される。これでは，BCPの本来の目的である，「自社の重要業務を，目標復旧時間以内に，いかにして復旧・継続させるか」という肝心な部分が抜け落ちていることになる。こういった場合は，本書第1章も参考に，本来のBCP部分の策定に取り組んでいただきたい。

③　事業継続戦略が具体化されていないこと

重要業務の選定やRTOの設定，事業継続戦略など，BCPの基本要素までは決められているものの，事業継続戦略の実行を担保する行動手順，あるいは必要な事前対策が実施されておらず，BCPが“絵に描いた餅”でしかないものも多い。筆者が「書かれていることをどうやってやるのですか」「戦略を実行するために，どのような準備をしていますか」と尋ねると，途端に回答に窮してしまうクライアントもいる。例えば，東京の本社の被災を想定し，「大阪支店で，本社の重要業務を代行する」と文書上では規定されているにもかかわらず，実際には大阪支店で代行できる準備を全くしていない，すなわち支店社員に周知されていない，代行手順が整備されていない，代行に必要なシステム権限が付与されていない，代行訓練がなされていない，等である。「BCPは作ってみたものの，内容に自信がない」という声も多く聞くが，戦略の実効性に疑問符が付く場合が多く，作った担当者自身でもそのことを感じているからだと思われる。

BCPはできあがった時点からすぐに有効性を持つわけではなく，時間をかけて対策を打っていく必要があるが，上記の場合は必要な対策を着実に講じていく，あるいはそもそもの事業継続戦略に無理があるのであれば，BCPの基本要素（重要業務，BCP目標，事業継続戦略）を思い切って見直す必要があるといえる。

(2)　組織の変化によるもの

年月が経てば，組織が変化していくのは当然であり，それに応じたBCPの見直しも必要となる。BCPで規定された役割を実行する組織名，担当者氏名や緊急連絡先は，年1～2回程度見直すべきだろう。また，重要業務の実行に不可欠な委託業者やサプライヤも現状に合っているかどうか，点検を怠ることのないようにしたい。

なお，組織・事業拠点が大きく変化している場合は，事業継続戦略の見直しまで必要になることもある。

(3)　重要業務の変化，その継続方法の変化によるもの

BCPとは，第1章で触れたように，自社の経営上重要な製品・サービスの提供に必要な業務を「重要業務」として定め，重要業務の早期復旧・継続に全力を挙げるための計画である。BCP策定時は重要だった製品やサービスも，ニーズの変化や技術の進化，あるいは企業の商品戦略の変化などにより，時間の経過とともに必ずしも最優先でなくなることがある。逆に従来は重要製品・サービスや重要業務として認識されていなかったものが，売上や市場シェアの拡大によって，その企業にとって最重要となることもあり得る。金融機関のように，重要業務（預金支払，決済など）が基本的に長期間不変の業種・業態もあるが，電子部品やアパレルなど，製品のライフサイクルが短い業態で特定製品の生産・販売を重要業務と置いている場合は特に当てはまる（この場合の見直しの方向性の一例については後述する）。

また，重要業務の継続方法についても，見直しが必要となることもある。従来，現物を手作業で処理していたものが人手を介さない自動データ処理で済むようになった場合や，データの入った磁気テープを読み込ませてデータ処理していたのがオンラインのデータ送信で済むようになった場合等は，継続方法が変化する。あるいは，最近の変化でいえば，テレワーク環境の整備も含まれる。出社しなくても自宅で業務が完了するような場合は，重要業務自体は変わらないがその継続方法は実態に即して見直す必要がある。

(4)　想定していない新たなリスクの発現によるもの

BCP が必要となる事態の想定の不足であり，前記(1)のケースの１つともいえる。

ここ数年，大きな被害をもたらす風水害が各地で頻発しており，事業継続に大きな障害が発生した企業も多い。こういった事態を受け，風水害に対する危機感を持つ企業が増えている。風水害以外でも，第１章で述べたように，2011年の東日本大震災以降，地震リスクが小さいと思われていた熊本や北海道での地震[1]，あるいは地震や台風を原因とする長時間の停電，また感染症など「想定外」の災害が相次いでいることを踏まえ，これまで大地震を想定していたBCP を見直し，水害など別のリスクを想定したBCP を策定したい，というニーズが確実に増えている。あるいは，何が起きるかわからないのでリスクを特定せずに，あらゆる事業中断の事態に備えたい，というニーズも高まっている。BCP を初めて策定する時には大地震による被害をイメージして重要業務を選定したり，継続・復旧手順を考えたりする企業が多数だったと思われ，新たなリスクに備える場合は一定の見直しが必要となる。このニーズに対する見直しの方向性については，本章３で後述する。

(5)　実際の事業継続対応を通じて改善点が顕在化したことによるもの

実際にBCP 対応が必要となるような事態を経験した企業にとっては，策定していたBCP が期待していたようには機能しなかった，というところも多いだろう。実際の対応経験や見直しを踏まえてよりよいBCP にしていくというBCM 活動を前提とし，改善の必要性が明らかになった箇所は，地道につぶしていくしかない。

BCP がうまく機能しなかった理由としては，想定していたより実際の被害のほうが大きかったケースが多いと思われる。逆に，BCP で想定したより実

1　全国的にみれば，首都直下地震や南海トラフ巨大地震を想定したBCPを策定している企業が多い。

際の被害が軽微で，BCPに則った対応では過剰なために対応を一から考える必要があった，というようなものもある。

2009年，新型インフルエンザが国内に伝播し感染者が発生した当初，その毒性がよくわからなかったために，強毒性の新型インフルエンザを想定したBCPで規定した強めの対応を取ったものの，結局弱毒性であることがわかり，季節性インフルエンザと同等の対応に戻した事例もある。詳細が未知の感染症に対して取るべき，初動期の危機管理の姿勢としては適切だったと評価してよいが，リスクの程度と必要な対応の間に乖離が生じた事例である。

また，事業継続というよりは危機管理態勢の話になるが，ある機械メーカーでは，2016年の熊本地震発生時，熊本には営業所や工場はないため，自社の人的・物的被害はなく事業継続には支障はなかった。しかし，熊本市にある有力な販売代理店が被災したために，当該代理店に対する人的・物的支援が必要となった。BCPで規定していた，社長をトップとする本社対策本部を設置するほどの態勢までは支援にあたり必要なく，どのような態勢で支援活動をしたらよいか議論の末，「社内連絡室」のような対策本部に準ずる簡素な態勢を設けることを，その際に決定した例[2]がある。

BCPでは，自社の事業継続に重大な被害をもたらすシナリオを考えるのが一般的ではあるが，それより規模の小さい被害をもたらす事象のほうが発生頻度は実際には高いといえる。そういった事態にもスムーズに対応できるような態勢（全社対策本部より小規模・限定的な態勢）については別途，危機管理規程等において準備しておくことが望ましい。逆に，小規模な被害しか想定していないBCPの場合，実際には想定を大きく超えるような被害がもたらされる可能性を十分に考慮しておくべきだろう。

2　日本政府が設置する災害対策本部は，その被害の程度により，国務大臣を本部長とする非常災害対策本部と，内閣総理大臣を本部長とする緊急災害対策本部の2通りの本部が災害対策基本法により規定されている。なお，後者が設置されたのは2011年の東日本大震災がこれまで唯一の例である。

2 基本事項の見直し

重要業務，BCP目標（RTOやRLO），事業継続戦略といったBCPの基本事項についても，事業内容や取扱製品等に変化がない場合でも見直すことで，よりすっきりしてわかりやすいBCPとなる場合がある。BCP策定のための様々なガイドラインが公開されているが，自社をそれらのひな形に当てはめてもしっくりこないという場合も多い。このような場合は，ひな形にとらわれず，自社の実態に合わせて，従業員が理解しやすいように基本事項を見直すことを勧めたい。

以下，BCPの基本事項それぞれを見直した事例を紹介する。

(1) 重要業務を見直す場合

第1章で述べたように，一般的なBCP策定手法の解説書では，重要製品・サービスを復旧・継続するための重要業務を特定することとされている。しかし，次のようなケースでは重要製品・サービスや重要業務を特定することは困難なことが多く，とりあえず重要業務等を特定してみたもののすっきりしない，と感じているケースも多いのではないだろうか。

・食品や日用品の卸売業などの場合，取扱品目数が非常に多い。以下のような理由から，自分達ではあらかじめ重要商品を特定することができないことも多い[3]。
　―実際の有事に，小売りから強く要請されたものが最優先の商品である
　―重要かどうかはともかく，出せる商品からまずは出すのが一般的である
　―災害発生時の気候・季節や発生地域の違いも最優先商品に影響を与える
・受注生産やOEM生産受託をもっぱら行うメーカーの場合，災害が起きたその時でなければ，また発注者の意向を確認しなければ，重要製品が決まらない。

3　もちろん，主要な卸先と最優先で出荷すべき商品について事前に合意できる場合はこの限りではない。

・製品のライフサイクルが短い場合，あらかじめ重要製品を決めても意味がない。半年後には製品が陳腐化している。

この場合，発想を思い切って転換し，特定の製品・サービスや業務を無理にあらかじめ選ぶのではなく，「BCP方針を決定すること」を重要業務とする手も考えられる。BCP方針として決定すべき内容は，その時の状況[4]を考慮した上で，供給・復旧する製品・サービスの優先順位づけ，BCP目標（時間（RTO），数量・仕様・顧客（RLO））の決定，そのための事業継続戦略（現地復旧，代替など）の選択が含まれる。なお，RTOをそのBCP方針決定までの時間とし，数時間から数日といった時間軸を別に設けてもよい。加えて，どのような情報をもとに，どのような判断基準で，誰が方針を決定するのか明文化しておくとよいだろう。なお，戦略の選択肢が複数予想されるのであれば，いずれの戦略も実行できるような事前対策が必要となる。

また，第1節(1)で述べたように，BCPといいつつも防災対応止まりのBCPが多い。このような「自称BCP」の場合，重要業務として挙げられているものは，安否確認，負傷者救護等，まさに防災対応で求められる行動に終始している例がほとんどである。これらを重要業務に含めることはよいとしても，BCPが対象とする時間軸を事業の復旧・継続の局面まで広げて，重要製品・サービス提供のための重要業務をしっかり再検討する必要がある。

(2) BCP目標を見直す場合

現在の事前対策の進捗状況に合わせて，実現可能なRTOへの見直しも必要となる。被害想定に鑑み，RTOを達成できるような事前対策が適切に取られていない場合，RTOを延ばして（すなわち，目標を緩和して），実態に合わせることが必要である。

4 自社や顧客の被害状況，受注・在庫状況，商品の季節性・地域性，顧客の要望，原材料の入手可能性など。

一方で，RTOが何の期限なのかが明確でない事例も多い。「復旧」という言葉にとらわれずに，何の期限かを明確に定義し，読み手に疑問や誤解を生じさせないよう見直すことが必要である。

また，時間だけでなく，RLO（数量・仕様・顧客）の目標も加えれば，より具体的で理解しやすい。段階的な復旧も一般的に考えられるため，時系列で複数の目標を置いてもよい。

RTO・RLOを定義する際の切り口としては，次のようなものが考えられる。

- 数量：最初の１個／必要最低量／被災前の全量
- 仕様：複数提供しているサービス・内容のすべて／一部分
- 顧客：優先的に重要製品・サービスを提供する顧客

ある不動産管理会社の事例でいえば，元々のBCPでは重要業務とRTOについて，「被害状況の把握，24時間以内」としていた。状況把握は事業継続のための第一歩ではあるが，BCPでは，より製品・サービスの提供を意識した目標設定が望ましい。BCPはそもそも会社が事業を継続できる，すなわち売上が早期に立って資金繰りが回るよう，重要業務を再開するための計画と考えれば，状況把握よりも（対価が得られる）実際の製品・サービスの提供再開時期，あるいはそれらに直結する重要業務の開始時期を目標としたいところである。また，RTOやRLOを段階的に置く，つまり多数の管理物件のうち，特に物件の収益性や入居テナントの社会的重要性を考慮して優先すべき物件における必要最低限のサービスから着手するのが実際的であり，かつ関係者が理解しやすいことも，議論を通じて明らかになった。

不動産管理会社の，見直し後のRTO・RLOの例を**【図表２－２－１】**に示す。

【図表2－2－1】RTO・RLOの見直し例

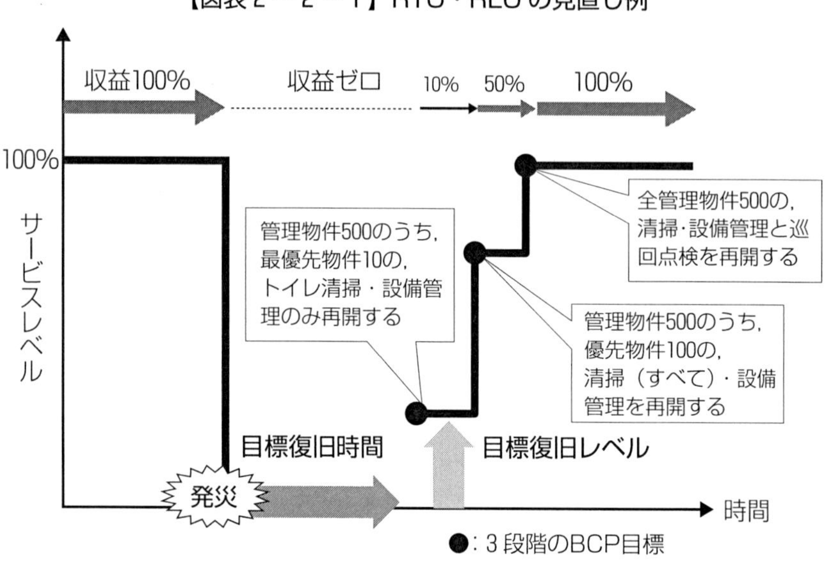

(3)　事業継続戦略を見直す場合

事業継続戦略を見直すことが必要となる場合もある。組織の実態に合わせた見直し，被害想定やRTO・RLOとの整合確保のための見直しの例を示す。

組織については，本社に管理業務を集約する動きが進んでおり，本社の代替が一定程度できるような拠点（管理系業務の担当者が複数いる拠点）が減少する傾向にある。かつては大阪支店にも経理部員がいたのが，現在では経理機能は東京本社にほぼ一元化されてしまっているなどの事例は枚挙にいとまがない。生産現場でも，効率化のため工場ごとに生産品種が集約される動きもある。このような組織の変化がある場合，代替戦略ができなくなってきていることから，事業継続戦略の見直しが必要となる。この場合は，現地戦略（復旧）が確実に実行できるよう事前の防災対策を徹底して行うことや，代替戦略（他社による代替）の採用といった見直しの必要がある。

また，現状で当該重要製品の複数拠点での生産を行っていないこと等から，代替戦略は検討せず，現地戦略（復旧）を採用している例が多い。しかし，現状の事業拠点で想定される被害からして，その戦略では不十分，すなわち被災拠点でのBCP目標が達成できないことが容易に予想される事例も多い。この場合，BCP目標の達成が契約上あるいは経営上非常に重要であるのなら，代替戦略まで踏み込んで考えるべきだろう。また，代替戦略が現時点では取れないのであれば，被害想定やBCP目標の設定を現地戦略（復旧）と整合させる必要がある。つまり，想定する被害を下方修正するか，RTOを遅らせるかして，現地復旧が十分に有効な戦略であるようにしなければならない。採用している戦略の限界を明らかにしておくことも必要で，「これ以上被害が大きい場合やより短いRTOを求められる場合は，この戦略では対応できない」ことについて，関係者で認識を共有しておくことは欠かせない。BCP担当者は「今の事業継続戦略では目標を達成するのは無理」とわかっていながら，経営者や営業担当は「BCPがあるから大丈夫」と思っているような，組織内で認識に齟齬があるような事態は避けなければならない。被害想定，BCP目標，事業継続戦略をしっかり整合が取れたものにしておく必要がある（【図表2－2－2】）。

【図表2－2－2】被害想定・BCP目標・事業継続戦略の一致

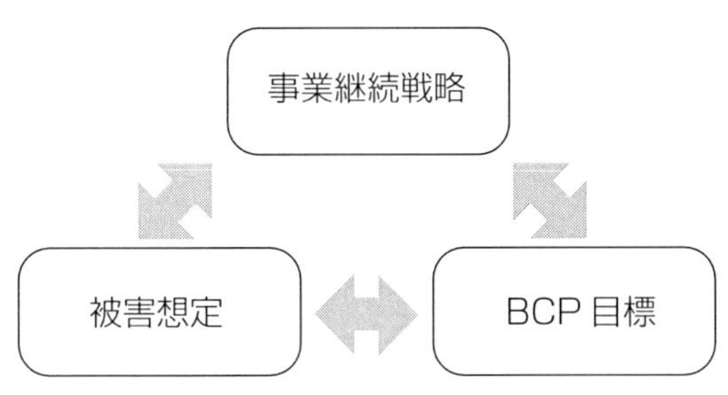

3 対象リスクの見直し

本節では，個々のリスクに対するBCP策定の観点について解説する。**【図表2－3－1】**に示す各リスクの被害の特徴を認識した上で，取り組むことが重要である。

【図表2－3－1】各リスクによる被害の特徴

		地震	水害	感染症	サイバー攻撃	火山噴火
被害を受けるリソース*	ヒト	△	△	×	○	△
	モノ	×	×	○	○	×
	情報システム	×	△	○	×	×
	ライフライン	×	×	○	○	×
被害を受ける地理的範囲		中	小	大	小（自社のみ）	小～中
被害を受ける期間		短	中	長	短	長
予兆の有無		なし	あり	あり	なし	あり

*○：被害なし・被害小，△：被害中，×：被害大

以下，各リスク別の内容について，被害の特徴，過去の災害等における被害事例，BCPを策定する上でのポイントを解説する。

BCPを策定する上でのポイントでは，第1章2のBCPの策定ステップのうち，リスク分析，事業継続戦略，有事対応，事前対策のいずれに関連するかについても示す。

(1) 水　害

ひと口に「水害」といっても，水の「出どころ」によって，外水氾濫，内水

氾濫，高潮の３つに分けられる。

外水氾濫とは，【図表２－３－２】に示すように，河川から水があふれることによって河川周辺の低地を中心に浸水する事態である（例：平成30（2018）年７月豪雨（西日本豪雨）における小田川の氾濫による岡山県倉敷市真備地区の浸水，平成27（2015）年９月関東・東北豪雨における鬼怒川の氾濫による茨城県常総市の浸水など）。

【図表２－３－２】外水氾濫と内水氾濫の違い

（出所）亀岡市洪水ハザードマップ（http://www.city.kameoka.kyoto.jp/bousai/anzen/bosai/hazard-map/kozui-hm.html）

一方，内水氾濫とは，排水能力を上回る量の雨が降り排水が追いつかないことによって周囲と比べて低い土地（くぼ地など）が浸水する事態である（例：令和元（2019）年東日本台風における川崎市中原区（武蔵小杉駅周辺）の浸水など）。

高潮は，台風等の低気圧による海水の吸い上げ効果・吹き寄せ効果[5]によっ

5　吸い上げ効果は，周辺よりも気圧の低い台風・低気圧の中心付近の空気が，海水を吸い上げるように作用して海面が上昇する現象。吹き寄せ効果は，台風・低気圧による強い風が沖から海岸へ吹くことで，海水が吹き寄せられ，海岸付近の海面が上昇する現象。

て（【図表2－3－3】参照），海岸付近の低地が浸水する事態である（例：平成30（2018）年台風第21号による大阪湾の高潮など）。

【図表2－3－3】高潮

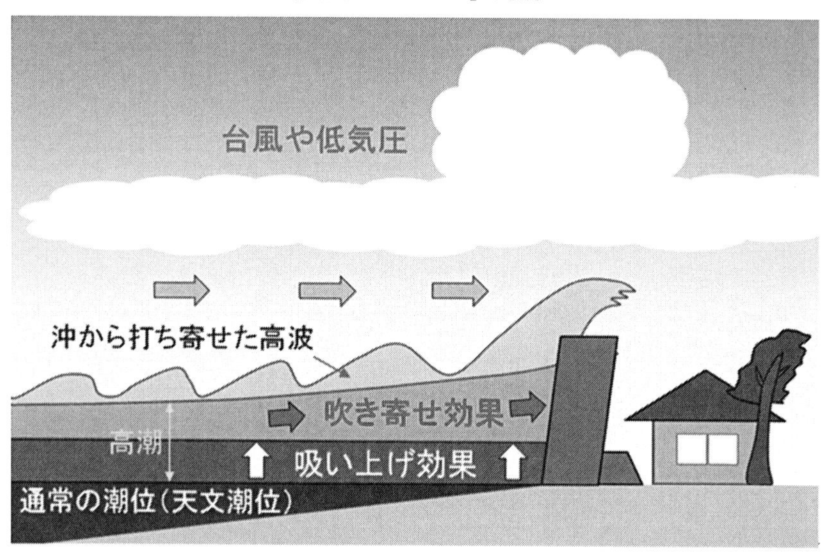

（出所）気象庁ホームページ「高潮」（https://www.data.jma.go.jp/gmd/kaiyou/db/tide/knowledge/tide/takashio.html）

一般的には規模が大きく，また浸水期間も長期にわたるため，ここでは「外水氾濫」を念頭において解説する。

①　被害の特徴

水害による被害の特徴について以下に解説する。

㋐　被害を受けるリソース

被害を受けるリソースは，浸水した範囲内の，従業員（住居含む），拠点の施設・設備・情報システム，ライフライン（電力，水道，ガスなど）まで，多岐にわたることが特徴である。特に拠点が浸水した場合は，浸水が床上など一定の深さ以上になると，設備の水濡れ等によって被害が格段に大きくなる。

(イ) 被害を受ける地理的範囲

氾濫した河川周辺の低地一帯が浸水するため，地理的な範囲としては，他のリスクと比較した場合に小さいといえる。

(ウ) 被害を受ける期間

水害で浸水した場合，周囲よりも低い場所では浸水が長期化する。また，水が引いた後も一度水に浸かった建屋や設備はすぐに使用できず，復旧に長期間かかるケースが多い（建屋・設備の清掃・消毒，壁紙・設備の交換など）。また，地域のライフラインも，発電所・変電所・浄水場・下水処理場などのライフライン施設が被害を受けた場合や道路被害が発生して被災現場へ急行できない場合などは，ライフラインの復旧まで長期間かかる。従業員の住居も同時に浸水した場合は，従業員が避難生活を送ることになってしまうため，影響が長期化する。

(エ) 予　兆

台風や活発化した前線などの時空間スケールの大きな現象の場合，被害発生のタイミングを一定程度事前に（２，３日前など）予測することができる。一方，【図表２－３－４】に示す積乱雲によってもたらされる局地的大雨のようなスケールの小さな現象は，事前の正確な予測が難しく，直前にならないとわからない場合もある。

【図表2－3－4】様々な気象現象のスケール

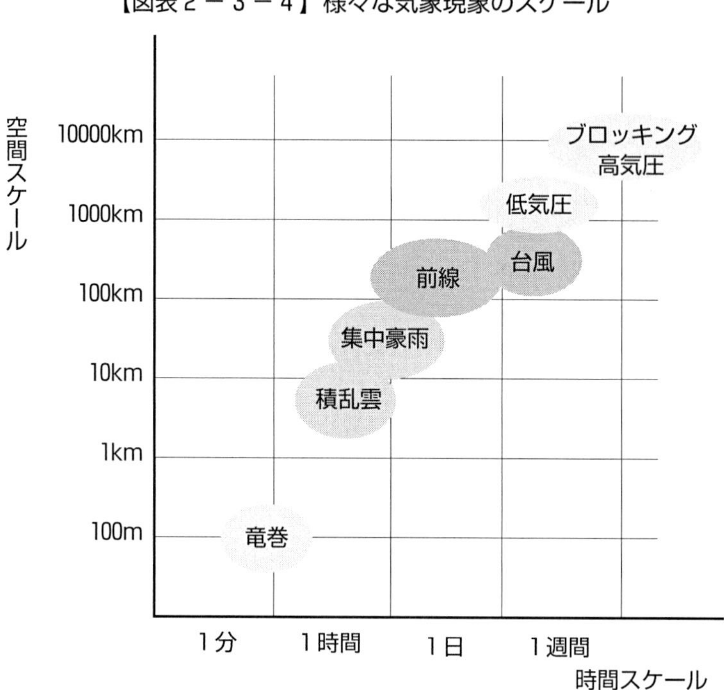

（出所）気象庁ホームページ「さまざまな気象現象」（https://www.jma.go.jp/jma/kishou/know/whitep/1-1-2.html）に基づいて著者作成

②　被害事例

近年，水害が多発化・激甚化している。その要因として，気象の変化と，都市化が挙げられる。

まず気象の変化として，多量の雨が降る頻度が増えていることが挙げられる。【図表2－3－5】は，1976～2020年の全国の日降水量200mm以上の年間日数の推移を示したグラフである。最近10年間（2011～2020年）の平均年間日数（約272日）は，統計期間の最初の10年間（1976～1985年）の平均年間日数（約160日）と比べて約1.7倍に増加していることがわかる。

【図表２－３－５】全国（アメダス）の日降水量200mm 以上の年間日数

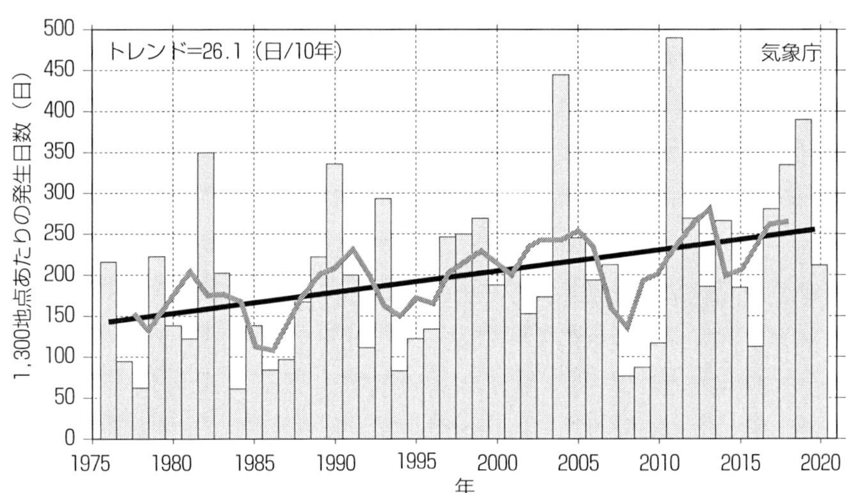

（出所）気象庁ホームページ「大雨や猛暑日など（極端現象）のこれまでの変化」(https://www.data.jma.go.jp/cpdinfo/extreme/extreme_p.html) に基づいて著者作成

都市化としては，コンクリート建造物やアスファルト舗装の路面の増加によって地上に降った雨が地中へ浸透しにくくなり，低地に水が集まって浸水する，あるいは河川・用水路に水が集中して水位が急激に上昇しやすくなった，すなわち人間の住む環境が水害に対して脆弱になったことが挙げられる。

その他にも，浸水危険のある地域について，開発が抑制されてこなかったことや，地盤のかさ上げなどの浸水対策も不十分なままに住宅地や工業団地が作られてきたことなども，要因として挙げられる。

近年発生した被災事例を以下に挙げる。

㋐　平成30（2018）年７月豪雨

前線や台風第７号の影響により，日本付近に暖かく非常に湿った空気が供給され続け，西日本を中心に広い範囲で記録的な大雨となった。１府10県に大雨特別警報が発表され，小田川（倉敷市真備町）などをはじめとする多数の河川の氾濫やがけ崩れ等が発生した。

(イ)　平成30（2018）年台風第21号

徳島県・近畿地方に上陸し，日本海を北上した台風によって，四国・近畿地方を中心に暴風や高潮が発生し，関西国際空港などを含む大阪湾の沿岸部での暴風・浸水被害，および関西国際空港連絡橋へのタンカー衝突による連絡橋の通行不能（完全復旧までに約7か月）といった被害が発生した。

(ウ)　令和元（2019）年房総半島台風（台風第15号）

三浦半島付近を通過して東京湾を進み，千葉市付近に上陸した台風によって，関東地方南部を中心に多くの地点で観測史上1位の最大風速や最大瞬間風速を観測する記録的な暴風となった。千葉県では送電塔の倒壊などに伴って長期間にわたり停電が発生したほか，鉄道の計画運休後の運転再開が当初の計画よりも遅れたことによって首都圏の企業に勤める従業員の出社に影響を及ぼした。

(エ)　令和元（2019）年東日本台風（台風第19号）

伊豆半島に上陸した後，関東地方を通過した台風によって，広い範囲で大雨，暴風，高波，高潮が発生した。1都12県に大雨特別警報が発表され，関東甲信越地方・東北地方などの多くの地点で観測史上1位の降水量を更新するなど記録的な大雨となった。河川は，国・県の管理河川のうち74河川142箇所で堤防が決壊した。うち，千曲川の決壊によって北陸新幹線の車両基地および基地内の新幹線車両が浸水し，新幹線の運行に長期間影響が出た。

(オ)　令和2（2020）年7月豪雨

約1か月にわたって，日本付近に停滞した前線の影響で，暖かく湿った空気が継続して流れ込み，各地で大雨となり，球磨川や筑後川，飛騨川，江の川，最上川といった大河川での氾濫が相次いだほか，土砂災害，低地の浸水等により，人的被害や物的被害が多く発生した。うち，球磨川では，流域に線状降水帯が長時間にわたって停滞し，夜間から未明にかけて河川が氾濫し，災害発生の予測および避難開始のタイミングの難しさが浮き彫りとなった。また，新型コロナウイルス感染症流行下における避難所運営も課題となった。

③　策定のポイント

水害を想定したBCPを策定する際のポイントを以下に述べる。

㈠　浸水危険性の事前確認…「リスク分析」に関連

水害の場合，立地によって浸水の危険性が大きく異なるため，まずは対象拠点の立地について，浸水の危険性があるかどうかを確認することが重要である。この確認の結果，そもそも自拠点が浸水する危険性が低いということになれば，他のリスクに比べた水害リスクへの対応優先度は劣後する。

確認の方法として，ハザードマップもしくは洪水浸水想定区域図[6]を用いて，拠点の浸水深を確認する方法が挙げられる。ただし，これらハザードマップ・洪水浸水想定区域図は現時点[7]においてはすべての中小河川も含めて作成が完了していないため，立地拠点の浸水危険性を漏れなく表しているわけではないことに注意が必要である。近くに中小河川がある場合，自拠点と河川との高さの比較や立地する地形の成り立ちを調べるなど，自拠点の立地状況を確認することも有効である。

また，ハザードマップは，外水氾濫のみを対象として内水氾濫が対象となっていないものもあるため，注意が必要だ（【図表２－３－６】は，内水氾濫のハザードマップを作成している例）。作成していない自治体において内水氾濫の危険性を確認するにあたっては，土地に長く住んでいる人に過去の浸水履歴を尋ねたり，拠点周囲の土地の起伏を確認したりして，豪雨時に雨水が集まるような地形になっていないか確認することが有効だろう。

また，海岸付近の拠点では高潮ハザードマップについても確認が必要であろう。

6　洪水浸水想定区域図は，河川氾濫時に浸水が想定されるエリアとその浸水深等を地図上で表したもので，河川を管理する国土交通省もしくは都道府県が河川ごとに作成する。ハザードマップは，洪水浸水想定区域図をもとに，各市町村が避難場所等の情報を追加したもの。

7　本書執筆中の2021年１月時点。

【図表2－3－6】内水氾濫のハザードマップ例（埼玉県戸田市）

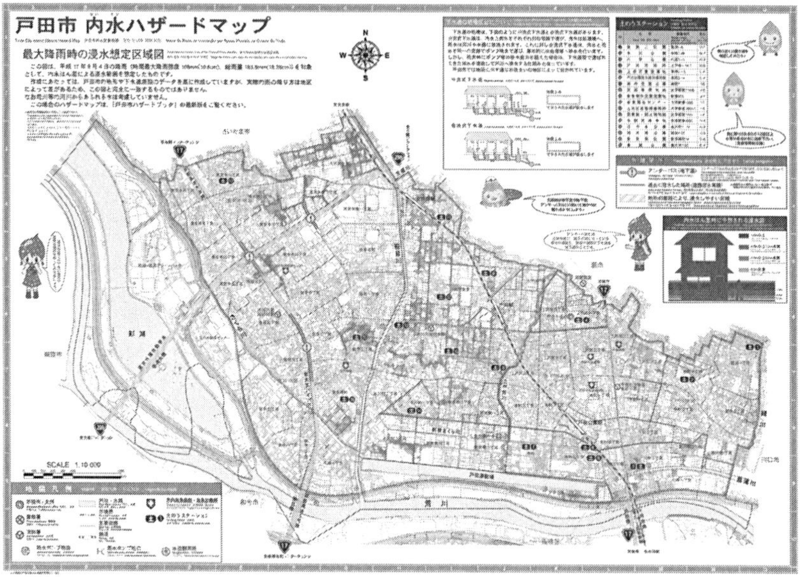

（出所）埼玉県戸田市ホームページ（https://www.city.toda.saitama.jp/uploaded/attachment/33119.jpg）

(イ)　タイムラインの有効性…「有事対応」に関連

①でも述べたとおり，水害の発生については一定程度事前に予測することが可能であるため，発生が予測される段階から何をすべきかをあらかじめ整理しておくことで，有事の際に迅速かつ抜漏れなく行動することができる。災害の発生が予測される際に，「いつ」「誰が」「何をするか」に着目して，必要な防災行動とその実施主体を時系列で整理した計画をタイムラインという（【図表2－3－8】はイメージ）。

米国では，ハリケーンによる高潮災害に備えてタイムラインを策定し，被害を最小限にくい止める工夫をしている例がある。2012年に発生したハリケーン・サンディでは，ニュージャージー州を中心にタイムラインを活用して，交通機関による住民の避難支援やその後の交通機関の運行停止等の防災行動を実施し，人的・社会経済的な被害の軽減を図った。この時，ニュージャージー州のバリアアイランド地域では，大きな高潮被害を受けたものの，タイムラインの実践による早めの防災行動が功を奏し，死者を１人も出さなかった。

タイムラインは自治体単位もしくは流域単位で作成されており，企業がタイムラインを作成する場合は，まずは所在する地域・流域での作成事例を確認し，整合を図りながら作成することが求められる。また，タイムライン作成後は，地域の関係機関と訓練などの防災活動で連携を図ることが望ましい。

㈦　必要な行動…「有事対応」に関連

水害 BCP に盛り込むべき特有の行動は，災害発生前の直前対応と災害発生後の事後対応に分けられる。概要を【図表２－３－７】に示す。

【図表２－３－７】水害の直前対応と事後対応

項目	(i)　直前対応	(ii)　事後対応
それぞれの時間軸特有の行動	• 従業員の早期帰宅 • 重要資産の防護 • 事業継続に必要なリソースの他拠点への移動	• 従業員の安否確認 • 施設の被害確認 • 他拠点での代替対応
共通する行動	• 関係情報の収集（気象情報，避難情報，取引先の対応状況など） • 関係先への情報発信（社内，顧客，協力企業など）	

(i)　直前対応

まず，防災の観点から行う人的・物的被害の発生防止・軽減策が挙げられる。物的被害の発生防止・軽減に関する代表的な行動例としては，【図表２－３－９】のとおりである。

【図表2－3－8】タイムラインイメージ

時間（目安）	防災情報（気象庁・自治体）	警戒レベル		交通サービス	企業		
					防災体制・施設対応	従業員対応	取引先対応
−72H	・警報級の現象が予想される台風の発生	警戒レベル1	・災害への心構えを高める		□気象情報の収集		
−48H	・注意報発表（大雨，洪水）	警戒レベル2	・自らの避難行動を確認する	・運行停止予告	□操業停止時期の検討 □有事の活動体制の確認 □排水溝の点検，清掃	□操業予定，勤務体制の連絡	□操業予定の連絡 □取引先の操業予定の確認 □納品予定の調整
−36H	・大雨警報発表（土砂災害）	警戒レベル3	・避難に時間を要する人は立ち退き避難 ・その他の者は避難準備		□止水板，土のうの設置 □排水ポンプの準備 □商品等の高所移動 □屋外の荷物の撤去		
−24H	・洪水警報発表 ・避難準備情報発表			・運行停止手順の公表	□操業停止の準備 □施設の巡回	□従業員の帰宅指示（緊急要員を除く）	
−12H	・避難指示	警戒レベル4	・速やかに危険な場所から避難	・運行停止	□操業停止 □施設の巡回	□自宅待機	
−6H	・氾濫危険情報				□施設の巡回	□自宅待機	

時間（目安）	防災情報（気象庁・自治体）	警戒レベル		交通サービス	企業		
					防災体制・施設対応	従業員対応	取引先対応
−3H	・大雨特別警報				□安全な場所で待機（緊急要員）	□自宅待機	
±0H	・氾濫発生情報	警戒レベル5	命を守るための最善行動	・運行見通しの公表	□緊急要員の安全確認 □消防等への連絡	□自宅待機	
+6H					□排水作業の実施	□自宅待機	□災害発生の連絡 □取引先の状況確認
+12H				・運行全体再開 ・運行状況の公表	□施設の巡回 □設備状況の確認	□自宅待機	
+24H	・警報解除				□あとかたづけ □設備の点検・修理	□従業員の出社 □あとかたづけの指示	□操業再開予定の連絡 □納品予定の確認
+48H					□操業再開 □非常体制の解除		□操業再開の連絡 □納品再開

【図表2－3－9】水害予兆時の物的被害の発生防止・軽減に関する行動例

項目	行動
浸水対策	• 排水溝の状況確認・清掃 • 重要資産※の上階への移動 • 重要資産※の水濡れ防止対応（梱包など） • 止水板・水密扉の設置 ※浸水が想定される高さ以下に保管している書類・設備・機器・商品など
強風対策	• 飛散するおそれのある物品の収容 • 車両の転倒防止 • シャッターの閉鎖 • ガラス窓の飛散防止対策

人的被害の防止・軽減に関する代表的な行動例は以下のとおりで，安全な避難まで時間がない場合を除き，【図表2－3－9】に挙げた物的被害の発生防止・軽減策の完了後に実施することが多い。

- 従業員の早期帰宅許可
- 従業員の施設残留（安全に帰宅できない，翌日の出社困難が予想される場合など）
- 翌日以降の出社指示

従業員の早期帰宅指示については，浸水が始まってからでは帰宅途中で従業員が死傷するおそれがあるため，十分に余裕を持ったタイミングで判断することが重要である。すでに浸水が始まるなど帰路の安全が確保できないおそれが少しでもある場合は，施設にとどまらせることも必要である。

また，翌日以降の出社指示にあたっても，従業員の安全確保の観点から，出社時刻は安全を十分に見越した時間とし，少しでも安全が確保できないおそれがある場合には無理に出社しないよう事前に伝えておくことが必要である。

次に，被害が収まった後に速やかに業務を再開するための準備が挙げられる。

例えば，代替戦略を取る場合（同時浸水しない拠点で業務を継続する場合など）における他拠点への必要なヒト・設備・機器等の移動が挙げられる。

また，災害発生後と共通する行動として，関係情報（気象情報，避難情報，取引先の対応状況など）の収集，および関係先への適時必要な情報発信も必要である。

(ii)　**事後対応**

避難指示などの避難情報が解除されるなどして，安全に出社できるようになった段階で，拠点へ出社し，まずは安全確認・二次災害防止に向けた以下の対応を取る。これらの対応は前述のタイムラインに含めて整備しておくことが必要である。

- 従業員の安否確認
- 施設・設備の被害確認，復旧対応
- 二次災害（危険物漏えい等）のおそれがある場合は，適切な処置

最低限の安全が確保された後，事業継続に向けた取組みに移る。

- 被害情報（ライフライン，自社拠点，取引先の対応状況など）の収集
- 関係先への情報発信
- 他拠点での代替対応

(エ)　事前対策

拠点の浸水防止に向けた対策としては，対策の規模・方法別に【図表２－３－10】に示すものがある。効果が大きなものは費用も掛かるため，拠点で想定されている浸水深などの情報も踏まえて，経営判断としてどこまで水害対策を実施するかの意思決定を行う必要がある。

【図表2－3－10】拠点の浸水防止に向けた対策例

	移設（水に浸からない）	防水（水の侵入を防ぐ）	その他（侵入した水を排除）
敷地レベル	・高所移転	・外周防水壁の設置	・排水ポンプの設置 ・自家発電機の設置
建物レベル	・マウンドアップ ・床面のかさ上げ，ピロティ	・止水板の設置 ・開口部の立上げ	
区画レベル	・上層階への移設	・水密扉の設置	
設備レベル	・上層階への移設 ・設備基礎のかさ上げ	・防水壁の設置 ・防水カバーの設置	

(オ) その他…「事業継続戦略」に関連

選択可能な事業継続戦略は，地震などと同じく，他拠点があって，代替が可能であれば，代替戦略が挙げられる。

また，前述のとおり，被害を受けるリソースが地震とほぼ共通する一方で，発生の予兆があるという特徴があるため，先に地震BCPを作成している場合は，直前対応のみを新たに作成して，事後対応は地震BCPに準拠させるという整理方法も挙げられる。

なお，雪害については2019年11月より正式に運用が開始された「顕著な大雪に関する気象情報」（対象：山形県，福島県（会津地方），新潟県，富山県，石川県，福井県）が災害発生の予兆情報として活用できる。

(2) 感染症

2020年にパンデミックを起こした新型コロナウイルス感染症[8]に対して，各企業では苦労しながらも何とか対応していることと思われる。本項では新型コロナ感染症対応[9]も踏まえて，感染症を想定したBCPのポイントについて解

8 以降，本書では「新型コロナ感染症」と略して記載する。
9 本項の内容は，2020年12月時点の情報に基づいたものである。

説する。

①　感染症流行による被害の特徴

感染症 BCP を考える際の基本は，感染症流行の脅威を知ることである。ここでは，感染症流行時の被害の特徴について解説する。

㈠　人への被害・影響が大きい

感染者および濃厚接触者は入院や自宅待機の措置が取られるため，従業員が感染した場合は多くの人が自宅待機となり，業務が停止するおそれがある。また，学校の休校，保育園の休園や外出自粛要請など，自治体の措置により出勤できる人が限られる可能性もある。

㈡　被害が徐々に拡大し，影響が長期間続く

地震のように，誰もが身の危険を感じ，とっさの安全行動で危険を回避できるものとは違い，感染リスクに晒されながら事業を継続する必要がある。一方で，日本国内での感染拡大（国外で発生した場合，日本へのウイルスの流入）には時間がかかるために，発生後に一定の準備ができる点が地震等とは異なる。また，感染症の流行は，第一波，第二波，第三波と流行の波が繰り返し発生し，流行が終息するまでの期間も長期となるため，財務基盤がぜい弱な企業の場合，需要回復まで資金繰りが続かず，倒産することもあり得る。

㈢　被害・影響の範囲が全世界となる

地震や水害等に比較し，感染症では被害や影響が及ぶ範囲が圧倒的に広い。したがって，世界規模でヒト・モノ・カネの動きが停滞し，需要と供給のバランス崩壊やサプライチェーンの途絶が起こる。

㈣　国や自治体から外出自粛等が要請される

感染拡大防止のためには，社会全体が協力することが求められ，企業としても社会的責任の観点から，「営業自粛」「出社自粛」等の形で，人同士の接触をできるだけ減らすことで国や自治体の要請に応えることが期待される。

②　被害事例

過去に世界的に流行した主な感染症を**【図表２－３－11】**にまとめる。

【図表2－3－11】世界的に流行した主な感染症

発生年	名称	推定死者数
1918	スペインインフルエンザ	約5,000万人
1957	アジアインフルエンザ	約200万人
1968	香港インフルエンザ	約100万人
2002	SARS	約800人
2009	新型インフルエンザ（A/H1N1）	約18,000人
2012	MERS	約800人
2019	新型コロナウイルス（Covid-19）	約250万人（2021年2月末時点）

(ア)　スペインインフルエンザ（1918年）

- スペインインフルエンザは，1年のタイムスパンで3回の流行がみられた。
- 第一波は1918年の3月に米国とヨーロッパから始まった。感染力は高かったものの，致死率は低かったとされている。
- 第二波は，1918年の秋からフランス，シエラレオネ，米国で同時に始まり，致死率は第一波の10倍となり，しかも15～35歳の健康な若年者層において死亡者が多く，死亡例の99%が65歳以下の若い年齢層に発生したといわれている。第三波は，1919年の始めに起こった。

（出所）国立感染症研究所感染症情報センターホームページ（http://idsc.nih.go.jp/disease/influenza/pandemic/QA02.html）をもとに一部編集

(イ)　アジアインフルエンザ（1957年）

- アジアインフルエンザは，1957年2月下旬に中国の1つの地域で流行が始まり，3月には国中に広がり，4月中旬には香港に達した。伝播の速度は非常に速く，香港への到達後6か月未満で世界中で症例が確認された。
- 致死率はスペインインフルエンザよりもかなり低かったとされている。季節性インフルエンザと同様，乳児と高齢者に死亡者が多かった。

（出所）国立感染症研究所感染症情報センターホームページ（http://idsc.nih.go.jp/disease/influenza/pandemic/QA02.html）をもとに一部編集

(ウ) 香港インフルエンザ（1968年）

- 1968年に始まった香港インフルエンザは，アジアインフルエンザよりさらに軽症であったと考えられている。初期の国際的な伝播はアジアインフルエンザに類似していたが，世界のいずれでも臨床症状は軽く，低い致死率であった。

（出所）国立感染症研究所感染症情報センターホームページ（http://idsc.nih.go.jp/disease/influenza/pandemic/QA02.html）をもとに一部編集

(エ) SARS（2002年）

- SARSは，重症急性呼吸器症候群（Severe Acute Respiratory Syndrome）の略称で，コロナウイルスを原因とする感染症である。発熱，悪寒，筋肉痛などインフルエンザに似た症状を引き起こす。
- 2002年11月に中国南部で患者が報告されたのに端を発し，2003年12月までに32の地域や国々へ拡大し，8,000人を超える症例と約800人の死亡が報告された。
- 2004年以降は症例の報告がなく，WHOから終息宣言が出された。

（出所）国立感染症研究所「SARS（重症急性呼吸器症候群）とは」（https://www.niid.go.jp/niid/ja/kansennohanashi/414-sars-intro.html）をもとに一部編集

(オ) 新型インフルエンザA/H1N1（2009年）

- 2009年4月にメキシコで発生した原因不明の呼吸器感染症の集団発生がWHOに報告され，WHOは4月24日に緊急事態を宣言，4月29日にはパンデミックに該当するフェーズ5を宣言した。その後，わずか9週間で世界中に感染が拡大した。
- 新型インフルエンザA/H1N1の発病率および死亡率は，季節性インフルエンザと比べて若年および中年成人で高く，高齢者では低かった。
- 死亡者数は，18,000人以上といわれている。

（出所）進藤奈邦子「2009年インフルエンザパンデミック（H1N1）その広がりと健康被害」（https://www.mhlw.go.jp/bunya/kenkou/kekkaku-kansenshou04/dl/infu100528-02.pdf）をもとに一部編集

(カ)　MERS（2012年）

- MERSは，中東呼吸器症候群（Middle East Respiratory Syndrome）の略称で，コロナウイルスを原因とする感染症である。2012年に中東地域で初めて確認された。
- 主な症状は，発熱，せき，息切れなどで，下痢などの消化器症状を伴う場合もある。感染しても，症状が現われない人や，軽症の人もいる，特に高齢者や糖尿病，慢性肺疾患，免疫不全などの基礎疾患のある人で，重症化する傾向がある。
- 中東地域からMERSの確定患者としてWHOに報告された者のうち，症状が悪化して死亡する割合は，約35%とされている。

（出所）厚生労働省「中東呼吸器症候群（MERS）に関するQ&A」（https://www.mhlw.go.jp/bunya/kenkou/kekkaku-kansenshou19/mers_qa.html）をもとに一部編集

③　感染症流行による影響

2020年の新型コロナ感染症流行では，外出自粛など人と人との最大限の接触回避が求められた。それに伴い生じた事業継続への影響を以下にまとめる。

(ア)　休業要請

新型インフルエンザ等対策特別措置法[10]に基づき，2020年4月に発出された緊急事態宣言では，休業を求める業種が示された。

対象となった企業は，「重要業務の継続」よりむしろ，休業しても資金繰りを確保し雇用を維持しつつ，事態が改善するまで組織を持ちこたえさせる対応を強いられた（**【図表2－3－12】**）。

10　2021年2月改正。

【図表2－3－12】特措法施行令による休業要請

休業を求められる主な業種（特措法施行令による）
学校，劇場，映画館，展示場，体育館などの運動施設や遊技場，キャバレー・ナイトクラブ・ダンスホールなどの遊興施設
事業継続を求められる主な業種（基本的対処方針の添付資料による）
病院，食堂，レストラン，喫茶店，生活必需品の小売り（百貨店，スーパー，コンビニ，ドラッグストア，ホームセンター），ホテル，理美容，銀行，鉄道，バス・タクシー，郵便，託児所

(イ)　消費者の外出・消費自粛の影響

観光・宿泊業，外食業，小売業等は，消費者の外出・消費自粛や，都道府県からの飲食店の営業時間短縮等の要請により，大きな打撃を受けた。

(ウ)　人手不足

新型コロナ感染症の流行に伴う入国制限により，外国人技能実習生が来日できず，農業や漁業の人手不足に追打ちをかけた。

(エ)　サプライチェーンの途絶

中国で猛威を振るっていた2020年2月頃までは，中国の製造拠点の相次ぐ操業停止，物流停滞等により中国以外の製造拠点においても原材料，部品等の調達が困難となった。

また，中国からの調達困難に加えて，供給先国内での感染拡大も影響し，グローバルなサプライチェーンの混乱が広がり，2020年の初夏頃まで続いた。

(オ)　業種別の影響

前記(ア)～(エ)の悪影響を受けた業種がある一方で，外出自粛による，巣ごもり消費により需要が大きく伸びた業種もある。【図表2－3－13】に業種別の影響をまとめた。

【図表2－3－13】新型コロナ感染症流行による企業への影響（一例）

＜悪影響を受けた業種（一例）＞

業　種	内　容
観光・宿泊	外出自粛や政府の入国制限によるインバウンド観光客減少により，大きく業績を落とした。
航空・鉄道	観光・出張等の移動自粛に伴い，またインバウンド観光客減少により大きく業績を落とした。航空業界では社員の一部を他業態に出向させるなどして，雇用継続を図っている。
外食，百貨店	店舗での飲食，買い物は，休業要請が出たり外出自粛が行われたりしたため，業績を落とした。
自動車	中国からの部品が届かず製造ができないことに加え，世界中で新型コロナ感染症が流行したために自動車の需要が減少していることなどが影響し，業績を落とした。なお，中国での感染収束後は，中国での販売が急回復した。
その他製造業	原料の調達が難しくなったり，自動車や建築関係の需要が減ったりするなどの影響で業績を落とした。
農業や漁業	外国人技能実習生が来日できず，農業や漁業の人手不足が発生。また，外食需要減少の影響を受けた。

＜需要が増えた業種（一例）＞

業　種	内　容
スーパー・コンビニ	外出自粛により，家庭内で消費する食品などの需要が伸びた。特に住宅街の店舗の販売が好調となった。
ドラッグストア・薬局	マスクやアルコール消毒液等を販売するドラッグストアなどは業績を伸ばした。
製薬，医療用器具，臨床試験	マスクやアルコール消毒液，医薬品，医療機器を製造するメーカーなどは業績を伸ばした。 また，PCR検査需要が急拡大し，臨床試験業界も業績への追い風となった。

業　種	内　容
Eコマース	巣ごもり消費が増えたため，ネット販売や物流などの業界は，大きく業績を伸ばした。

④　BCP策定のポイント

㋐　感染症BCPの考え方

一般の事業者においては，国や自治体による感染防止に対する要請や，従業員や関係者等の感染リスクを低減するために，出勤や外出の制限，対面業務の自粛等が必要となる。それに伴い事業活動に制約を受けることから，継続すべき業務に人的・物的資源を集中する必要があり，そのためにはその他の業務を計画的に縮小・休止するという考えが基本となる（【図表2－3－14】）。

【図表2－3－14】感染症におけるBCPの概念

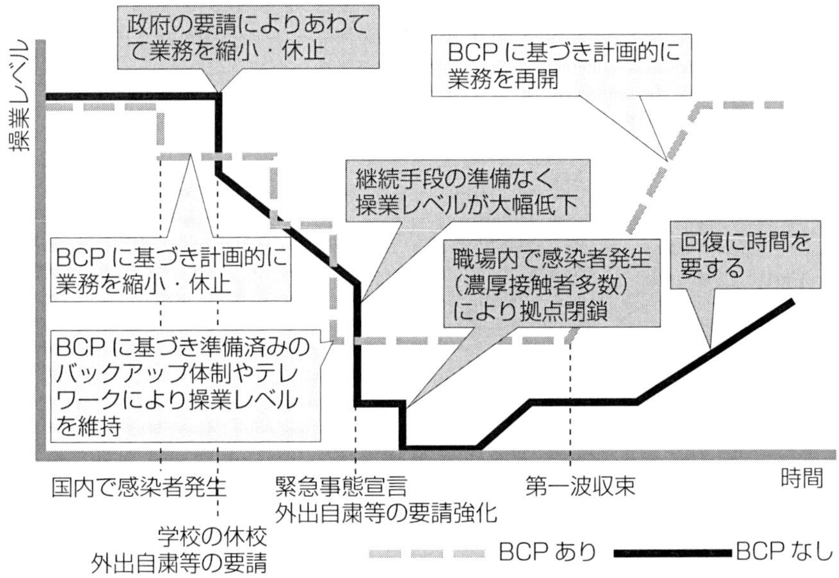

(イ)　感染症BCPに必要な3つの視点

感染症BCPを考える際には，【図表2－3－15】の3つの視点をバランスよく考慮することが必要である。

【図表2－3－15】感染症BCPに必要な3つの視点

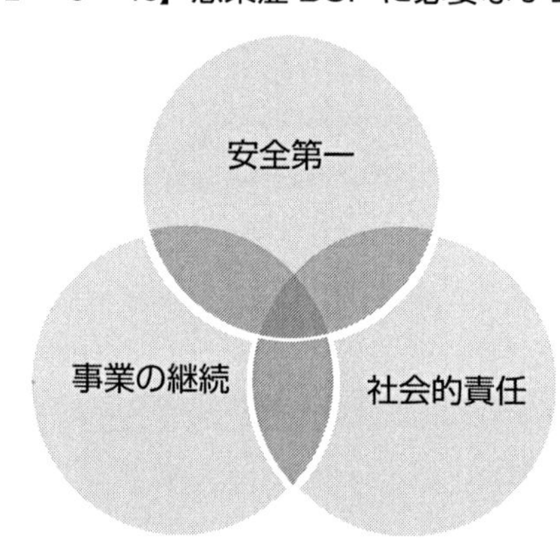

(i)　安全第一

従業員・家族，顧客や取引先等の関係者の安全を第一に考えることである。感染リスクが大きい状態を放置したままで従業員を働かせることは，安全配慮義務に違反する。

(ii)　事業の継続

自社および顧客や取引先と協力・連携して，社会や自社にとって継続すべき業務については事業継続を図ることである。

(iii)　社会的責任

テレワークの推進や営業時間短縮等の国や自治体の対策に協力することである。

この3つの視点は相反するものもあり，バランスを取るのは容易ではないため，感染症BCPでは経営者による判断が求められる要素が大きい。

(ウ) BCP策定のプロセス

(i) 事業影響度分析

地震を想定したBCPの場合は，優先的に復旧すべき重要業務，およびそれをいつまでに再開するかという時間的目標を定めることが一般的である。一方，感染症の場合は，(イ)で述べた3つの視点を勘案して，感染が流行している中でも継続すべき重要業務を選定する。なお，感染症は段階的に状況が悪化していくため，早めに休止する不急業務，まん延時には休止する一般業務，まん延時にも継続すべき重要業務のように，3つ程度に区分したほうがよい。

(ii) リスク分析

感染症は，業務リソースでいえば，人への被害が主となる。人的被害のみならず物的被害が大きい地震や風水害，火災等とは大きく異なる点である。このため，業務実施時の人の感染リスクを評価し，できる限り感染リスクを低減することが必要である。

第一に，出勤が必要かどうかを確認する。テレワークが可能な業務は，感染リスクの回避と合わせて，政府・自治体からの外出自粛要請等にも応えることができるので，この確認はしっかりと行うべきである。次に，どうしても出勤が必要な業務は，感染リスクが高いとされる3密（密集・密接・密閉）が回避できないか検討する。

(iii) 事業継続戦略

これまで述べてきたように，感染症BCPにおいて継続すべき重要業務は，感染リスクを極小化しつつ継続するというのが基本である。これに当てはまる業態としては，食品・医薬品・日用品等の製造・流通，物流，金融，ライフライン（電力，水道，ガス，通信等），医療・介護等のいわゆる社会機能維持者（英語でいえばエッセンシャルワーカー）があり，これら事業者の採るべき事業継続戦略としては，現地戦略（継続）となる（【図表2－3－16】参照）。

一方，2020年の新型コロナ感染症流行による営業自粛，消費者の外出・消費自粛で明らかになったのは，飲食店や観光業・娯楽施設等のサービスを提供している事業者にとっては，「重要業務の継続」よりむしろ，休業しても資金繰りを確保し雇用を維持しつつ，事態が改善するまで組織を持ちこたえさせる持久戦略が必要だということである。加えて例えば，飲食店がデリバリーやテイクアウトに活路を見出すといった事業転換戦略も事業継続戦略の選択肢として考えられるのが，感染症 BCP の特徴といえよう。

【図表2－3－16】感染症流行を想定した新たな事業継続戦略

状況	戦略	内容
危機発生後も需要が変わらない	現地戦略（復旧）	●感染者発生時の被害拡大防止（職場の早期消毒，濃厚接触者の早期特定等）
	現地戦略（継続）	●感染リスクの低減 ●重要製品・サービスの絞込み
	代替戦略	●自社代替 ●他社代替（連携戦略）
既存製品・サービスの需要が大幅減少または消滅する	事業転換戦略	●新規事業の立上げ ●サービス提供手段の変更
	持久戦略	●資金確保，雇用継続

■代替戦略の事例

代替生産や代替調達などの代替戦略は，今までの大規模地震を想定したBCPでも事業継続戦略としてよく検討されていた。これが新型コロナ感染症流行時にも活用できた事例がある（【図表2－3－17】）。

【図表２－３－17】代替戦略（代替調達先の確保）

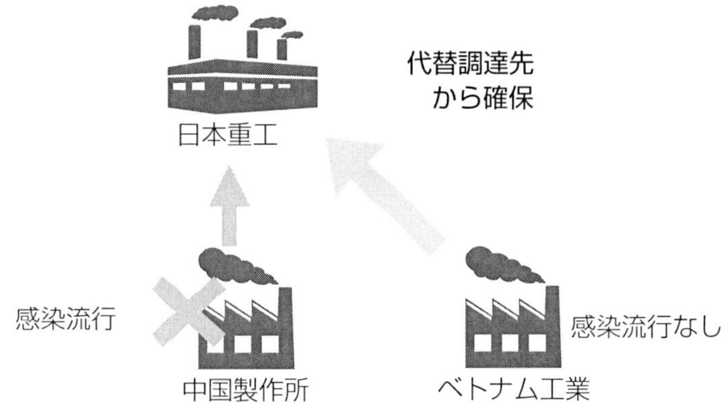

■ITの活用により従来の対面型業務を非接触型に変えて事業を継続した事例

ある自治体では，河床掘削工事と堤防工事の各現場と，県の土木事務所等をタブレット端末で中継して，画面上で設計図との誤差や仕上がりを確認する検査を行った（【図表２－３－18】）。

【図表２－３－18】代替戦略（ITの活用）

■事業転換戦略の事例

レストランなどの外食業は，お客が来なくなってしまったので，テイクアウトや宅配に切り替えたり，通信販売を始めたりした。

また，自動車メーカーや大手電機メーカーは，業界の製造や物流ノウハウ，多くのサプライチェーンを活用してフェイスシールドなどの生産を行った。事業継続というよりも社会貢献や自社の従業員向けといった理由も大きいと思われる。

その他に，アパレルメーカーなどは売れなくなった服の代わりにマスクの生産に切り替えたり，自動車部品メーカーは自動車部品からスマートフォンやパソコン向け部品の生産能力を増強したりする事例もある（【図表２－３－19】）。

【図表２－３－19】事業転換戦略（売り方・売るモノを変える）

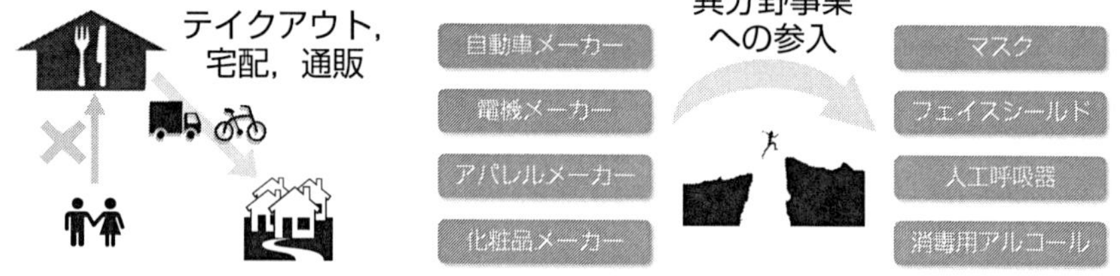

■持久戦略の事例

世界的な人の移動制限により，大きな影響を受けた航空会社は，金融機関からの借入れにより手元資金を確保するとともに，従業員の一時帰休や新卒採用の見送りなどの対策により，新型コロナ感染症の長期化に備えている。

また，鉄道会社でも，社債による資金調達や，新型コロナ感染症の流行による生活スタイルの変化を機に終電時間の繰上げを決断するなどの事例もある。

その他にも，宿泊業界では施設を休業したり，企業によっては事務業務におけるテレワーク導入に伴い賃貸オフィスの契約を解約したりするなどして固定費を削減する動きもみられる。

ⅳ 対　策

感染症流行中においても，出勤して事業を継続するためには，感染者を発生させない対策と感染者が発生しても事業を止めないための対策の両方を検討することが必要である。

なお，以降に示す対策の内容は，2020年の新型コロナ感染症流行（第一波）時点の情報に基づいた記述であることに留意いただきたい。

■感染者を発生させない対策

政府や自治体が発信している感染防止対策を徹底することである。

・感染症流行時の態勢

刻一刻と状況が変化し，様々な情報が発信される状況においては，対策本部等の全社的な対応組織を設置し，全社の足並みを揃えた対応が不可欠である。また，事業の停止等，事業運営上の意思決定が必要なため，対策本部には経営層が参画し，感染防止のための対策の策定・変更について検討することも求められる。

対策本部に情報が集まるよう，情報収集ルートを明確化し，状況の変化にタイムリーに対応する。感染者が発生した場合を含め，適宜，社内および社外に向けて情報を発信する。

・出勤体制

公共交通機関を利用した通勤は，従業員の感染リスクを高めることが懸念されるため，安全確保や，職場内で感染者発生時の接触リスク回避等の観点から，【図表２－３－20】のような取組みを導入することが求められる。

【図表２－３－20】出勤体制の例

テレワーク	• テレワークにより，人の接触機会を減らし感染リスクを軽減することが可能となる。テレワークを導入する際には，リモート環境などのハード面の整備だけでなく，就業規則の改定などのソフト対策も必要となる。

時差出勤	• 始業・終業時間を前後数時間程度ずらす時差出勤をすることで，公共交通機関の通勤ラッシュの時間帯を避けることができ，従業員が人込みや満員電車など感染リスクの高い場所を回避することが可能となる。
交代勤務	• 部署を複数班に分け，交互に出勤とテレワークをする。出勤をする際は，他の部署の班とシフトを固定し，互いの班が濃厚接触しないようにする。班別に行動することで，感染者が発生した場合，同一職場の従業員全員が濃厚接触者とならないようにする。
サテライトオフィス	• 専門の事業者が提供するオフィスや，会社が整備した専用施設などを働く場所とする「サテライトオフィス勤務（施設利用型勤務）」を利用することで都心への人の集中を避け，感染のリスクを軽減することが期待できる。 • 郊外に設置されることで，郊外に住む従業員は通勤時間の短縮につながる。 • サテライトオフィス設置により，都心のオフィスのフロアを減らすことに成功している企業もあり，コスト面での効果も期待できる。

【図表2－3－21】交代勤務・勤務シフトの例

		月	火	水	木	金	月	火	水	木
部署A（20名）	1班（10名）	出勤				出勤				出勤
	2班（10名）			出勤				出勤		
部署B（40名）	1班（20名）		出勤				出勤			
	2班（20名）				出勤				出勤	
部署C（30名）	1班（15名）	出勤				出勤				出勤
	2班（15名）			出勤				出勤		
部署D（10名）	1班（ 5名）		出勤				出勤			
	2班（ 5名）				出勤				出勤	
計100名	出勤者数	25名	25名	25名	25名	25名	25名	25名	25名	25名

※空欄はテレワーク日

・職場における対策（オフィス編）

従業員が出社した場合，安全確保の観点から職場内での感染リスクを低減するため，【図表2－3－22】のような対策（環境整備・行動制限）を実施することが求められる。

【図表2－3－22】オフィスにおける感染対策例

座席の配置	•通常のレイアウトから，感染予防を目的としたレイアウトへの変更，見直しが必要となる。 •座席の配置は，対角か横並びにし，飛沫感染防止のため座席配置などは広々と設置する。間隔は２メートルを目安に，勤務中も一定の距離を保てるようにする。 •対角に座席を配置することが困難な場合は，対面間に遮蔽板を設置し，飛沫感染を防止する。
会議やイベント	•自社内での対面会議やセミナーは感染のリスクが高いので，原則中止・延期とする。やむを得ず行う場合は，参加者にはマスク着用をお願いし，密閉空間にならないようドアや窓を開放し換気を行い，近距離・対面に座らず，短時間で終えるようにする。可能であれば密室となる会議室を避け，オープンで換気のよいエリアで行うのがよい。 •外部の会議やセミナー等への参加を原則禁止とするが，必要性が高い場合は，十分な感染防止策に努めた上で，参加する。 •会議およびイベントは可能であれば，オンラインで開催する。また，飲食を伴う会合は極力中止する。 •取引先の自社への訪問に関しては，必要性を含め検討し，立入りを認める場合には，十分な感染防止対策を求め，入口で検温・体調チェックを行う。

出張	<国内> • Web会議等を活用し，出張は控えることが望ましい。 • やむを得ず出張する場合には，公共交通機関のラッシュの時間帯を避け，マスクの着用，手洗い等を徹底するなど，感染リスクを下げる対策を取る。また，出張先，経路，面会相手などを記録に残すことも必要。 <国外> • 外務省や米国CDC（米国疾病予防管理センター）等の渡航に関する勧告，日本からの渡航者に対する入国制限措置および入国後の行動制限，航空機の運航情報，出張候補者の健康状態や渡航先の医療の状況等を確認した上で，出張の必要性とリスクの両面から出張の妥当性を判断する。 • 流行国から帰国した従業員に関しては，帰国後一定期間は症状がなくても自宅待機をさせて健康観察を行うこととする。

・職場における対策（工場編）

工場においては，上記のオフィス編に加えて，【図表2－3－23】のような対策を実施することが求められる。

【図表2－3－23】工場における感染対策例

3密回避等	• 朝礼や点呼などは，小グループにて行うなど，一定以上の人数が一度に集まらないようにする。 • 従業員ができるだけ2メートル以上の一定の距離を保てるよう，作業空間と人員配置について見直しを行う。複数名による共同作業など近距離，接触が不可避な作業工程では，マスクの着用を徹底する。 ※気温の高い場所においては，熱中症に注意する。

器具の消毒等	• 設備の制御パネル，レバーなど，作業中に複数の職員等が触る箇所について，定期的に消毒を行う。設備の特性上，消毒できないものは，個人で専用手袋などを装着して作業にあたる。 • 工具などのうち，個々の従業員が占有することが可能なものについては，共有を避ける。共有する工具については，定期的に消毒を行う。
接触機会の低減	• 工程ごとに区画を設定し，従業員が必要以上に担当区画と他の区画の間を往来しないようにする。 • ロッカールームや食堂・休憩室に関しては，グループごとに別々の時間帯を利用するなど，混雑・密集を避ける。

・**職場における対策（対面業務編）**

対面業務は，不特定多数の人との接触による感染リスクが懸念されるため，【図表２－３－24】のような対策を実施することが求められる。

【図表２－３－24】対面業務における感染対策例

来客者への対策	• 発熱，軽度であっても咳・咽頭痛などの風邪症状や体調不良の人は入場しないようにアナウンスを徹底し，もし該当者がいた場合，入店をお断りする。 • 店舗等で列に並ぶ場合は人との距離を２メートル程度おくなどの対策を行う（地面にマーキングするなどの対策が望ましい）。 • 店舗入口にアルコール消毒液を配置する。 • 店舗の各所に感染予防対策啓発のポスターを貼る，館内アナウンスをするなどして，来客者への協力をお願いする。 • 来客者へのマスク着用をお願いする。

従業員への対策	• 窓口や受付など，人と人が対面する場所は，遮蔽板を設置し，飛沫感染を防止する（飛沫感染のリスク評価としては，換気の状況を考慮しつつ，人と人との距離がどの程度維持できるか，施設内で大声などを出す場がどこにあるかなどを評価する）。 • ユニフォームや衣服はこまめに洗濯する。 • 手洗いもしくはアルコール消毒液（70%～80%）による手指衛生をこまめに行う。 • 従業員はマスクを着用する。

・業種別の対策

内閣官房，新型コロナ感染症対策のサイトに，各業界団体が公表している感染防止対策のガイドライン一覧が掲載されているので参考にされたい[11]。

■感染者発生時の対応

2020年の新型コロナ感染症流行では，一般の企業においても集団感染発生の事例が報告されている。職場内で多くの人が勤務する環境で感染者が発生した際には，適切な対応を取り，二次感染，三次感染を防ぐことで，感染の連鎖を断ち切ることが求められる。

感染の連鎖を防ぐための対策は，【図表2－3－20】等で示したとおりである。それに加えて，【図表2－3－25】のような対応を実施することが求められる。

【図表2－3－25】感染者発生時の対応

報告ルール	• 感染および濃厚接触の疑いがある者についての報告や自宅待機等のルールを決めておく。
保健所との連携	• 保健所との連絡窓口担当者をあらかじめ決めておく。 • 感染者の勤務状況，最終出勤日，行動履歴，フロアの状況，座席の配置，換気状況等の情報を準備し，保健所へ報告する。

11 内閣官房「業種別ガイドライン」(https://corona.go.jp/prevention/pdf/guideline.pdf)。

社内外への情報発信	•感染者のプライバシー保護を大前提に，周囲の不安解消に努めるためにも社内へのアナウンス，ビル管理者や職場に出入りしている業者等への連絡が必要となる。 •ホームページ等での外部への公表については，感染拡大防止，デマや混乱の防止，不安・疑念の払しょく，関係者への影響のお知らせという意味でも，望ましいと考えられる。しかし，毎日非常に多くの感染者が発生する状況になると，混乱の防止や不安の払しょく等を目的とした広報の必要性は低下する可能性がある。そのため，その時々の状況に応じて，発信先と内容をよく考えることが重要である。
濃厚接触者等の特定	•保健所の調査で濃厚接触者と判断された場合は，指示に従い一定期間の健康観察が求められる。健康観察期間中には，手指衛生や咳エチケットの徹底，および健康状態に注意を払い，不要不急の外出を控え，基本的には自宅待機とすることが望ましい。 •発熱等の症状のある場合は，各自治体の発熱相談センター等に相談して検査を受ける。
職場の消毒	•保健所からの指示や感染者が勤務していた場所・行動履歴を踏まえて，職場の消毒を実施する。 •消毒作業は，専門業者に依頼する場合もあるが，問い合わせが殺到している可能性が高いため，職場使用者自ら消毒を行うことを前提に消毒薬等を準備しておくことが望まれる。 •消毒作業が終わるまで，職場の一時閉鎖が必要となる場合もあるため，迅速な消毒作業の実施が望まれる。
代替要員の確保	•人手不足に備えて，あらかじめ他部門等の業務経験者（前任者）等を含めたバックアップ要員をリストアップしておく。 •重要業務以外の業務を一時中断して，重要業務を継続するための人員に充てる。

(エ)　第二波，第三波への備え

スペインインフルエンザにおいては３回の流行の波があった。そのため，いったん流行が収束したとしても，次の流行に備えた対策を行う必要がある。現に日本でも新型コロナ感染症の第二波が2020年夏に，第三波が2020年から2021年をまたぐ冬に到来した。

- 第一波で実施した感染防止策において，実施できなかったこと，苦労したことなどを洗い出し，対応の見直しを行う。
- テレワークにより負荷が集中した従業員や業務の洗出しと対応の見直しを行う。
- テレワークにできなかった業務について今後の対応を再検討する。
- 感染状況に応じて，実施する感染予防対策を整理する。
  - 恒常的に実施する対策（新しい生活様式[12]の実践）
  - 感染が広がり出した場合に実施（強化）する対策
  - さらに感染が拡大した場合に追加（強化）する対策
- 再流行に備えて，マスクや手指消毒薬等の感染予防備品を確保する。
- 感染症流行を想定した就業規則等を制度化する。

コラム1 テレワーク導入時の対策

多くの企業がテレワークを導入済みと思うが，改めて対策のポイントを整理した。

(1) ハード面の整備

効率的にテレワークを行うためには，通信環境に加えてパソコンデスクや椅子，照明などの作業環境を整備することが必要である。厚生労働省が発表している「自宅等でテレワークを行う際の作業環境整備[13]」を参考に，ポイントを押さえ，各自作業しやすい場を整備する。

---

12 内閣官房「「新しい生活様式」の実践例」（https://corona.go.jp/prevention/pdf/atarashii_seikatsu.pdf）。

13 厚生労働省「自宅等でテレワークを行う際の作業環境整備」（https://www.mhlw.go.jp/stf/newpage_01603.html）

(2)　ソフト面の対策

【図表2－3－26】ソフト面の対策

業務とプライベートの切分け	• 毎日決まった時間に起床し，勤務開始時刻にはパソコンを起動し，1日でやるべき仕事を整理し，勤務終了時刻を明確にする。 • オフィス勤務時と同様に，毎朝の身支度はきちんと行う。 • 勤務終了時刻が来たらパソコンの電源をオフにし，次の勤務開始までパソコンは起動しない。
コミュニケーション方法の検討	• 電話会議やWeb会議ツールを利用し，声や画面を介したコミュニケーションを取る。 • 上司，部下の双方向から積極的に状況報告・情報共有をする。 • 部署，チームまたは個別の打ち合わせの機会を定期的に設定し，情報共有をする。
労働時間の適正な把握[14]	• 時間外・休日深夜にメールを送付することを自粛するように指示する。 • 企業等の社内システムに深夜・休日はアクセスできないように制限する。 • 時間外・休日・深夜労働の原則禁止や使用者等による許可制とする。 • 長時間労働等を行う従業員への注意喚起をする。
自己管理の徹底	• 体調を崩した場合に，上司が介入することが困難なため，自身で体調管理を行う。 • 何か心配事や悩みがある場合は，早めに相談する。 • 昼休みや勤務終了後には，気分転換も兼ねて軽く散歩など外出の機会を設ける。

14　厚生労働省「テレワークにおける適切な労務管理のためのガイドライン」（https://www.mhlw.go.jp/content/000553510.pdf）

情報セキュリティ対策	・自宅に顧客の個人情報の含まれた書類等を持ち帰る場合は紛失しないよう注意する。 ・セキュリティ対策が不十分なパソコンは使用しない。 ・喫茶店など外で仕事をする際は，情報の漏えいに気をつける。

コラム2　リモートハラスメント

新型コロナ感染症の流行により，リモートで仕事の打ち合わせをしたり，勤務後に職場のメンバーでリモート飲み会をしたりする機会が多くなった。そこで今増えているのが，リモートハラスメント（リモハラ）である。「テレワークハラスメント（テレハラ）」などとも呼ばれ始めた。

パワハラやセクハラと同一線上にあるハラスメントであり，職場で顔を合わせるコミュニケーションではない，リモートでのつながりゆえに引き起こされるパターンが多い。具体的には，次のような事例が挙げられる。

- 仕事中の部下の姿が見えず，「ちゃんと仕事をしているのか」と疑いたくなり，頻繁すぎる連絡を取る。
- 仕事の様子を常時撮影するよう要求する。
- Web会議に特定の人物を参加させず，孤立させる。
- Web会議の画面に自宅の様子を映すよう強要する。
- 家族を紹介するよう求める。

自分を含め，みんなが自宅にいることで，本来分けるべきプライベートと仕事の垣根が崩れやすい状況にあり，相手のプライベートに深入りしてしまうケースがある。テレワークが定着する中で，個人の意識づけや企業の対策を考える必要がある。

(3)　サイバー攻撃

①　サイバー攻撃を想定したBCPの必要性

いまや，大半の業務やサービスに利用している機器は常にネットワークに接続されており，サイバー攻撃による事業停止が大きなリスクになっている。

記憶に新しいのは，2017年に国内で大きな被害をもたらしたWannaCryである。データを暗号化して身代金を要求するランサムウェアと呼ばれる脅威だが，Windowsファイル共有の脆弱性を突いて自己増殖するウイルスのような性質を持っていた。感染力と感染スピードが高く，インターネット閲覧用のパソコンだけでなく，社内システムを管理するパソコンや生産設備を管理するパソコンにも感染を広げた。この結果，生産やサービス提供を一時的に停止する企業が多発した。

中には海外の製造拠点や研究拠点での感染が発端となったケースもあった。製造設備や検査機器へのセキュリティパッチ適用が遅れ，そこから日本国内の業務システムへと感染が広がった。サイバー攻撃による影響は，自然災害のように地理的な分散が意味をなさないことをまざまざとみせつけられた。

ところが，企業のBCPは，地震などの大規模自然災害や感染症の流行等を想定したものが多く，サイバー攻撃に対しては，侵入防止の技術的対策だけを重視した取組みや，システム部門だけの取組みで済まされていることが多い。そのため，サイバー攻撃を受けて業務が止まってしまった場合の全社的な危機対応・事業継続の観点を十分に考慮できていないケースが多い。

つまり，サイバー攻撃で事業が停止してもそれに対応するBCPがなく，組織全体でサイバー攻撃に対応したBCP対策を講じる重要性は日増しに高まっている。実際，経済産業省が公表し，多くの企業が参考にしている「サイバーセキュリティ経営ガイドライン」では，インシデント発生時の復旧体制やサプライチェーン全体の対策に関する項目が記載されており，BCP策定が促されている（経済産業省 独立行政法人情報処理推進機構「サイバーセキュリティ経営ガイドライン Ver2.0」（2017年11月16日公開））。

② サイバー攻撃の特徴

経済産業省が，2020年6月12日に発表した情報「昨今の産業を巡るサイバーセキュリティに係る状況の認識と，今後の取組の方向性についての報告書」によれば，昨今のサイバーセキュリティに係る状況を以下のようにまとめている。

<標的型攻撃のさらなる高度化>

(ア) マルウェア[15]添付メール経由での感染等に加え，ネットワーク機器の脆弱性や設定ミスを利用することで，ユーザの動作を介さずに直接組織内のシステムに侵入する手法等が確認されている。

(イ) さらに，侵入後もPowerShell[16]等を用いたファイルレスの攻撃や，C&Cサーバ[17]との通信の暗号化，痕跡の消去など，攻撃の早期検知と手法の分析を困難にする攻撃手法が確認されている。

<サイバー攻撃起点の変化（サプライチェーンの弱点を悪用した攻撃）>

(ア) 海外拠点や取引先など，サプライチェーンの中で相対的にセキュリティが弱い組織が攻撃の起点となり，そこを踏み台にして，侵入拡大を図る事例も増加している。

---

15 マルウェアとは，コンピュータの正常な利用を妨げたり，利用者やコンピュータに害を成す不正な動作を行ったりするソフトウェアの総称で，“malicious software”（悪意のあるソフトウェア）を縮めた略語である。

16 PowerShellとは，利用者がシステムを文字による対話形式で操作するコマンドラインインターフェース（CLI）で，主にソフトウェア開発者やシステム管理者などが高度な操作を行ったり，操作を自動化したりするのに用いられる。

17 C&Cサーバとは，外部から侵入して乗っ取ったコンピュータを利用したサイバー攻撃で，踏み台のコンピュータを制御したり命令を出したりする役割を担うサーバコンピュータのことである。

<不正ログイン被害の継続的な発生>
(ア)　ID とパスワードのみで利用可能な会員制サイトや，クラウドメールアカウント等が，リスト型攻撃[18]により不正ログインされる事案が継続的に発生している。
<中小企業に対するサイバー攻撃の実態>
(ア)　地域や企業の規模にかかわらず，全国の中小企業もサイバー攻撃を受けている。
(イ)　想定被害額が5,500万円と算定される攻撃も確認されている。

③　サイバー攻撃による被害事例

サイバー攻撃を受けた場合には，調査のためにシステムを停止する場合も多く，結果として停止したシステムに依存する業務を一定期間中断または縮小せざるを得なくなる。

【図表２－３－27】大企業の被害事例

業　種	概　要
小売業	外部からの不正アクセスにより，約42万件の個人情報（約5.6万件のクレジットカード情報を含む）が流出し，公式オンラインショップの全サービスを停止した。
自動車メーカー	「DDoS」攻撃とみられるサイバー攻撃を受け，さらなるリスクを防ぐ目的でウェブサイトを約６日間停止した。
食品製造販売	外部からの不正アクセス（SQL インジェクション）により，約21万件の個人情報が流出し，対象サービスを約75日間停止した。
自動車メーカー	工場設備に付帯するパソコンがランサムウェアに感染し，約１日操業を停止した。これにより，自動車約1,000台の生産が停止した。
ゲーム	VPN 経由の不正アクセスを受け10以上のオンラインゲームが約２か月間停止。協業先への補填等4.9億円の特別損失の計上，31.4億円の影響と代表取締役社長の１年間無報酬を発表。

18　リスト型攻撃とは，複数のウェブサービスで共通の IDとパスワードを利用していることが多いことに着目して，何らかの方法により入手した IDとパスワードをもとに，様々なウェブサービスで不正アクセスを試みるサイバー攻撃のことである。

業　種	概　要
半導体メーカー	工場の最終ラインで品質検査を行う検査装置がマルウェアに感染，検査プロセス処理の負荷が異常に高まり，不良品が検出されずに通ってしまう不具合が発生した。当初，感染源がわからず，感染が次々と飛び火し，その負荷で最終的に生産ラインがすべて停止する事態となった。

【図表2－3－28】中小企業の被害事例

業　種 (従業員規模)	概　要
製造業 (51～100名)	自動車部品加工製造。ランサムウェアと思われるウイルスに感染し，パソコンが使用不能になった。
製造業 (51～100名)	加工食品の製造および卸売。2013年，役員のパソコンがウイルス感染し，過去の電子メールが勝手に大量発信され，自社および取引先の重要な情報が漏えい，信用が失墜。
製造業 (6～20名)	経営者宛てのメールに添付されているファイルを開いてしまった結果，ランサムウェアに感染。バックアップなどを行っていたが，個人の写真などのデータは参照できなくなった。
製造業 (51～100名)	従業員がメールに添付されていたファイルを開き，ウイルス感染により自社の基幹システムが書き換わる障害が発生。復旧するまでの1週間ほど，基幹システムの一部が使用できなくなった。
卸売業 (6～20名)	2010年，1台のパソコンがウイルスに感染，急きょアプリケーションの停止とネットワークからの切離しを行ったが，完全な復旧までに2か月を要した。
小売業 (6～20名)	2015年，普段使用しているパソコン画面が突然動かなくなった。地元のシステム会社にメンテナンスを依頼し確認をしてもらったところ，ウイルスに感染していることがわかった。

業　種 (従業員規模)	概　要
不動産業 (6～20名)	2017年1月，パソコンがランサムウェアに感染。感染していないデータのみをウイルスチェック可能なハードディスクに1つずつ確認しながら移行した。感染したパソコンは廃棄。
不動産業 (21～50名)	2016年，役員がメールの添付ファイルを開封し，1台の社内LAN端末パソコンがランサムウェアに感染，共有サーバー内にアクセスできなくなった。再稼働には1週間以上の時間を要した。
不動産業 (51～100名)	業務上多くの顧客情報を保有しているが，社内のパソコンがメールを通じてウイルスに感染して対応に苦労した。何が起きているかが理解できず，外部の専門家に対処してもらった。
サービス業 (21～50名)	産業廃棄物業者。2015年頃，ウイルスへの感染により，基幹システムのスローダウンやレスポンス低下などが慢性化，大きな被害はなかったものの，業務効率の低下が定常的に発生。また派遣従業員が退職する際，顧客情報データを持ち出したことが操作履歴を分析した結果，発覚した。

（出所）東京都産業労働局ホームページ「セキュリティの部屋」より抜粋編集（https://cybersecurity-tokyo.jp/security/guidebook/176/index.html）

④　BCP策定のポイント

サイバー攻撃が発生した際の対応には，２つの要素がある。

【図表２－３－29】サイバー攻撃で被害を受けた場合の対応

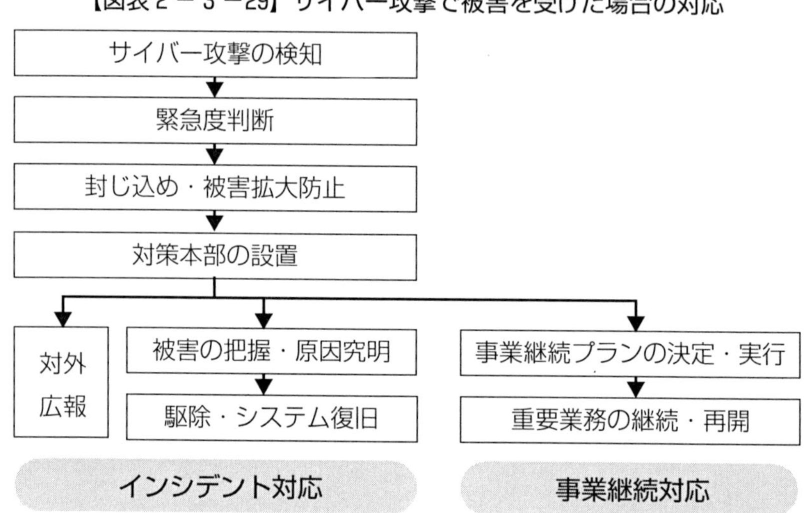

１つ目は，インシデント対応である。セキュリティインシデントが起こった際の原因の特定や除去，システムの復旧，社内外の関係者との連絡や調整といった対応全般の取組みを指す。インシデントに対して適切に対応するために，CSIRT[19]という態勢を整備している例が多くある。

日本シーサート協議会では，CSIRTを消防団にたとえている。その役割は，「被害の最小化（消火活動）」「最善の方法を取る（技術や経験の蓄積）」「相談窓口（119番）」「検知と警戒（火の用心・発報）」「教育・啓発（防火）」としている。

２つ目は，事業継続対応である。サイバー攻撃が発生した場合でも重要な業

19　CSIRTとは，Computer Security Incident Respons Teamの略で，サイバー攻撃による情報漏えいや障害など，コンピュータセキュリティに係るインシデントに対処するための組織の総称である（日本シーサート協議会，https://www.nca.gr.jp/）。

務を継続（または早期再開）するための対応である。一般的には，普段利用しているシステムやネットワークが使えないことを想定した事業継続方法を検討しておくことが必要である。

㋐　インシデント対応…「有事対応」に関連

(i)サイバー攻撃の検知

サイバー攻撃の手口は日々高度化・巧妙化し気づきにくいものになっている。特に標的型の攻撃は長期間潜伏して活動することも多く，発見が難しいのが実情である。

気づかない事態をできる限り少なくするためには以下の取組みが重要である。

- 最新のサイバー攻撃手法を定期的にチェックする
- 攻撃の検知や監視等のシステムやツール等を導入する
- サイバー攻撃を受けたと思われるときの行動について従業員への教育を行う（例えば，あやしいと思ったときはネットワークを切断する，LAN ケーブルを抜く，情報セキュリティ部門に連絡するなど）

(ii)緊急度判断

サイバー攻撃発生直後に，被害の範囲や原因等を正確に把握することは難しいことから，一般的には被害拡大防止のため，積極的に外部との接続を遮断することが多い。しかしながら，ネットワークやシステムの遮断は事業の停止につながるので，経営者やシステム管理責任者等の判断が必要となる。

したがって，緊急度を判断する場合の，情報の伝達先や判断基準，権限者等をあらかじめ整備しておくことが重要である。

(iii)封じ込め・被害拡大防止

前述と関連するが，封じ込め・被害拡大防止のためには，ネットワークやシステムの停止措置が欠かせないため，その対象や範囲について検討しておくことが必要である。停止措置の範囲は，攻撃の種類や自社の対策によって，①外部との通信遮断，②社内システムの利用停止，③パソコンの利用停止など様々である。ウイルス被害や DDoS 攻撃といった具体的なサイバー攻撃を受けた場合に，どこに被害が生じるかをあらかじめ確認し，攻撃を受けた際に迅速な措置を取ることができるように準備しておきたい。

(iv)対策本部の設置

冒頭に述べたとおり，情報システム部門による予防的対策だけで攻撃による被害をゼロにすることは困難であり，サイバー攻撃を受けることを前提に，全社的な危機対応組織の構築が不可欠である。

すでにCSIRTを構築している場合は，全社的な危機対応組織とCSIRTの権限や役割を明確にしておくことが必要である。

【図表2－3－30】全社的な危機対応組織とCSIRTの権限や役割の一例

全社的な危機対応組織	CSIRT
・発生事象の事実確認と影響の見極め ・全社的な対応方針の決定 ・業務停止・再開の判断 ・広報対応	・原因究明や被害の把握 ・封じ込めなどの被害拡大防止措置の実行 ・情報システムの復旧方針の立案と実行

(v)被害の把握・原因究明

情報システム部門（CSIRT）を中心に対応することになるが，被害の把握と合わせて復旧目途を確認することがBCPの観点では重要となる。セキュリティ委託会社にフォレンジック調査[20]を依頼することも検討してほしい。

(vi)ウイルス駆除・システム復旧

原因および被害を確認後，ウイルスを駆除し，システムや業務の復旧（事業の継続）に向けた活動を行う。ウイルスの駆除についてもセキュリティ委託会社に依頼することが肝要である。

20　フォレンジック調査とは，サイバー攻撃等の情報セキュリティインシデントに対し，パソコン・ハードドライブディスク・スマートフォンといった電子機器や記録媒体，もしくはネットワークの中に残存する電磁的記録から，正しい手続で不正行為の事実確認を行ったり，サイバー攻撃・不正アクセスなどの被害状況を割り出したりする調査手法のことで，実際に裁判上でも法的効力を持つ。

(vii)対外広報

個人情報の漏えいなどステークホルダーに迷惑をかけるおそれがある場合，サイバー攻撃の被害範囲などが不明でも速やかに情報をステークホルダーに伝えることが基本となる。これまでの広報対応は，ユーザの不安をあおってしまうので被害の全容がある程度わかるまで情報を開示しないという考えもあったが，現在は，発表が遅れれば遅れるほど，かえって顧客の信用を失うリスクが高まるという考えが，これまでの事例をとおして定着しつつある。

(イ)　事業継続対応…「有事対応」に関連

業務に必要なシステムやネットワークの使用可否・復旧見込み等に基づき，事業停止による影響を見極めて，代替手段を用いた事業継続方法を検討・決定する。代替手段の具体的な事例は後記⑤を参照いただきたい。

なお，早期復旧すべき業務範囲の拡大と各業務の再開時期の早期化はトレードオフの関係になる場合があるため，復旧の優先順位が高い業務に業務リソースの集中を図ることが重要である。

システムやネットワークの復旧見込みによっては，それらの復旧を待って業務を再開することも選択肢の１つである。

⑤　対　策

サイバー攻撃の被害は，情報資源（ネットワーク，システム，データ）であるため，必要な対策は，次の２つに分類される。いずれの場合も，はじめに，守るべき（早期復旧すべき）情報資源を明らかにすることが必要である。この守るべき情報資源は，BCPで定めた重要業務と整合が取れていなければならない（【図表２－３－31】）。

【図表２－３－31】対策の分類

技術的対策	サイバー攻撃による被害の防御や被害軽減を図るための情報システムの脆弱性対策
事業継続のための対策	サイバー攻撃により情報資源が使えない場合でも，事業を継続・早期再開するための方法を検討し，実現するための対策

㈠　技術的対策…「事前対策」に関連

技術的対策は，以下の3つに区分される。従来は「入口対策」が重視されていたが，完全に侵入を防ぐことはできない前提に立ち，侵入されても機密情報を外部に出さないことに着目した対策が,「内部対策」と「出口対策」である（【図表2－3－32】）。

それぞれの対策をバランスよく実施することが望まれる。

【図表2－3－32】技術的対策のイメージ

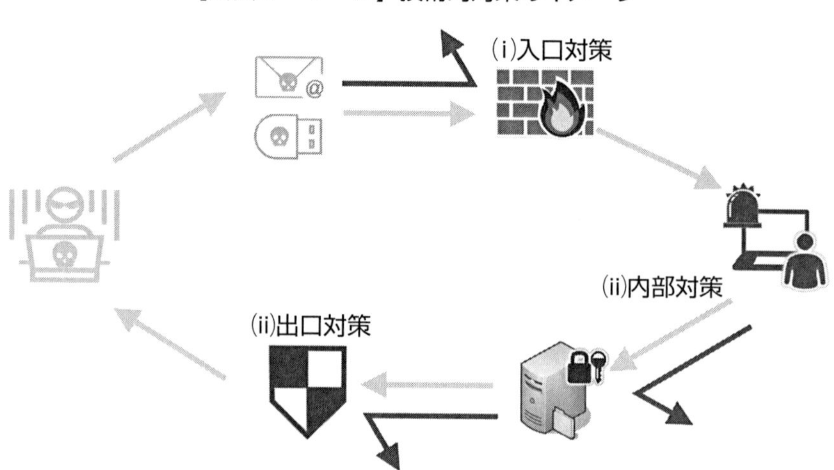

(i)　入口対策　マルウェアによる内部ネットワークへの侵入を防ぐ対策
(ii)　内部対策　不正侵入を早期検知する対策や不正侵入したマルウェアから情報を守る対策
(iii)　出口対策　不正侵入したマルウェアによる外部への情報漏えいや外部感染を防ぐ対策

(i)　入口対策

どのような攻撃を受けても侵入されないように，多層防御しているケースが多くなってきている。具体的にはファイアウォール，スパムフィルタ，ウイルス対策，IDS／IPS（不正侵入検知・防御システム）を組み合せた対策が一般的である。

(ii)　内部対策

主な内部対策には，「ログ監視」と「ファイル暗号化」がある。

「ログ監視」は，社内のシステムに権限のない人がアクセスしている場合など，不正な動きがあれば警報を発する対策である。また，「ログ監視」は社員の不正利用の抑制にも役立つ。

「ファイル暗号化」は，万が一不正侵入したマルウェアにより重要情報を持ち出されても解読できないように暗号をかけておく対策である。

(iii)　出口対策

内部から外部へ出ていく通信を監視し，重要情報の漏えいを防いだり，マルウェアが外部と通信することを防いだりする対策で，マルウェアに感染した端末が社内から外部の悪意ある危険なC&Cサーバ等との不正な通信を行おうとすれば，その通信を遮断することで，最終的な情報流出を食い止めることができる。

(iv)　その他の対策

■情報資源のバックアップ対策

情報が失われたり，改ざんされたりした場合は，バックアップデータ・バックアップシステムによる復旧が一般的であるが，復旧するためのバックアップデータ等がすでに改ざん等の被害を受けた場合は，そのデータから復旧しても解決にはならない。本当に安全なものであるかを確認した上で復旧を行うことが必要となる。なお，磁気テープなどネットワークと切り離された媒体にバックアップをしておくことも対策として検討すべきである。

■ホワイトリスト対策

リストにないアプリケーションやプログラムは起動しないよう制限を設け，リストにあるアプリケーションやプログラムのみを実行する仕組みとする。リストに入っていないものはブロックし，一切使用しないことで危険性を回避する，というのがホワイトリスト対策の基本的な考え方である。

■インターネット分離

企業や組織内で重要な情報を扱うネットワークを，インターネットに接続できる環境にあるネットワークから切り離すことによって，標的型攻撃をはじめとするサイバー攻撃によるリスクを排除する仕組みのことで，「Web分離」，「ネットワーク分離」という呼び方をすることもある。

■エンドポイントセキュリティ

ノートパソコンやスマートフォンのロック，ハードディスク・ファイルの自動暗号化，ID・アクセス管理，アンチウイルスソフト・ウイルス対策ソフトの導入などである。

■ゼロデイ攻撃対策

各種ソフトウェアを常に最新の状態にしておくことが非常に重要となる。これだけではゼロデイ攻撃を完全に防ぐことはできないが，少なくとも修正プログラムを迅速かつ確実に適用しておくことは大前提となる。加えて，アンチウイルスソフトのパターンファイルを最新の状態に保つことも重要である。

(イ)　事業継続のための対策…「事業継続戦略」に関連

この対策は，サイバー攻撃により情報資源が使えない場合でも，重要業務を目標復旧時間内に再開するための方法をあらかじめ考えておくことが基本である。ただし，前述の技術的対策との組み合わせで考えることが必要である。例えば，重要業務に必須の情報資源がサイバー攻撃により被害を受けても，技術的対策により目標復旧時間内に利用可能となれば，情報資源の復旧を待つことも1つの判断といえる。

しかしながら，技術的対策にはコストがかかるため，現状の情報システム環境や予算等を考慮しなければならない。そして，技術的対策では目標復旧時間の達成が困難な場合は，情報資源を利用しない継続方法を考えることが必要となる。地震等の災害を対象としたBCPにおいてシステムが使えないことを想定した事業継続方法が定められている場合は，それを活用できる場合がある。

システムやネットワークが不可欠な現在，それらが使えない前提で事業を継続することは非常に難しいと思われるが，最初から対象外とせずに以下を参考に検討していただきたい。

(i)　代替ネットワークや機器を利用した継続方法

社内ネットワークが使えない場合は，個人のスマートフォンの活用なども考えられる。なお，社内メールの代わりに災害時の安否確認システムを利用して社員とのコミュニケーションを取った事例もある。

(ii)　情報システムに頼らない継続方法

情報システムが利用できない事態を想定した事業継続方法の事例を【図表2－3－33】に紹介する。

【図表2－3－33】情報システムに頼らない事業継続事例

コンビニエンスストアや小売店では地震等で停電してPOSシステム（レジ）が使えない場合，商品を100円など切りのいい額で，レジもお釣りも不要な方法で販売を継続する。
ネットバンキングが使えない場合は，紙の振込用紙を使用して支払を行う。ただし，処理能力は大幅に減少するため，優先順位を付けて対応する。
システム障害等により停止してしまう生産工程は，熟練者の経験と勘に基づきローテクと人海戦術で乗り切る。その分，生産性は極端に落ちるので，優先的に生産する製品を限定する。
受注は当面停止することを顧客に連絡する。受注残・発注残がシステムで確認できなければ，顧客・取引先等に連絡して教えてもらう。
システム障害等で自動溶接機が停止した場合は，過去に手溶接で行っていた際の熟練工や設備を活用して，手溶接で作業を行う。
システムが停止しても，人海戦術でピッキングや出荷を行う。ただし，システムの停止が長期化すると復旧後に出荷情報をシステムに反映する作業手間が膨大になるため，数日程度の停止の場合は，出荷を止める。
システムからの受注情報は必ず印刷するルールとすれば，受注情報が印刷された部分までは，システムが止まっても生産できる。
何かあったときのために，昔（システム化される前）の複写式の伝票用紙を保管しておく。 図面などは紙と電子データの両方で保管する。

システムが停止して，何をいくつ作ればよいかわからなくなった場合は，前日と同じものを生産・納品する。売れ筋の部品は，発注量が日々大きくは変わらない前提である。

コラム3 災害やシステム障害を想定したBCPとサイバー攻撃を想定したBCPの違い

災害によるシステムダウンやシステム障害，データ消失に備えたBCPでは，バックアップ（DR）サイトの構築が有効である。しかし，サイバー攻撃ではネットワークを介してDRサイトのデータも使用できなくなる場合があるため，災害やシステム障害を想定したBCPでは十分対応できない。実際，WannaCryの被害事例の中には，バックアップ対象のデータがマルウェアにより暗号化され，その暗号化されたデータがDRサイトにバックアップされ，復旧が不可能になったケースがある。

(4) 大規模地震

「千年に一度の災害」といわれた2011年の東日本大震災（地震名：東北地方太平洋沖地震）以降，政府は「想定外」の災害をなくすため，想定される最大規模の災害について対策を検討することに乗り出し，それ以前に発表されていた想定を更新する格好で，南海トラフ巨大地震および首都直下地震の被害想定が発表された（それぞれ2012年以降，2013年以降に順次発表）。

ここでは，これらの被害想定が発表される前にBCPを策定した企業が，これらの想定をもとにBCPを見直す際のポイントについて解説する。

①　被害の特徴

㋐　南海トラフ巨大地震

南海トラフとは，駿河湾から日向灘まで続く西日本太平洋側の海溝のことであり，この南海トラフを震源域として発生する地震を，南海トラフ地震と呼ぶ。この南海トラフ地震は，震源域の各領域もしくは複数の領域にまたがって，多様な規模で繰り返し発生してきたことがわかっている（【図表２－３－34】参照）。

【図表２－３－34】南海トラフにおける過去の地震発生履歴と震源域

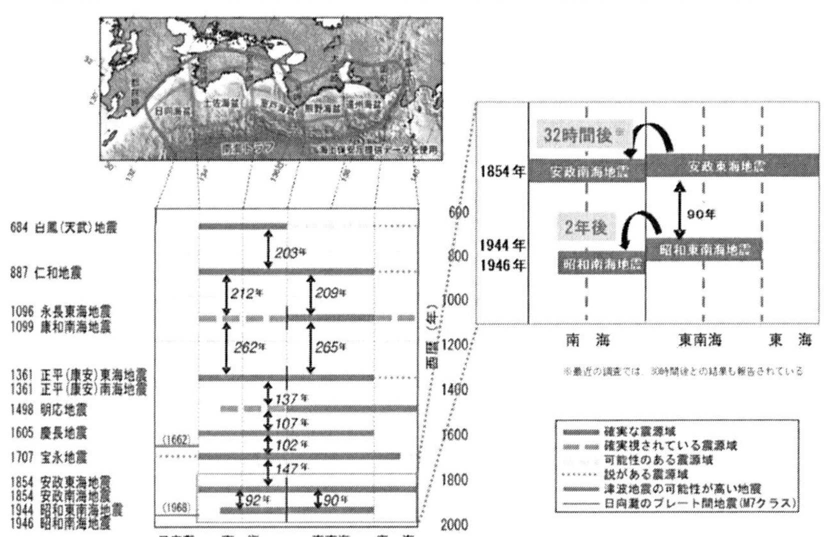

（出所）内閣府（防災担当）「南海トラフ地震の多様な発生形態に備えた防災対応検討ガイドライン【第１版】」（令和３年５月（一部改定），http://www.bousai.go.jp/jishin/nankai/pdf/honbun_guideline2.pdf）

これらの地震の発生履歴から，国では南海トラフ全体を１つの震源域ととらえ，100～200年間隔で繰り返し大地震が発生してきたと考えて，南海トラフのいずれかの領域でマグニチュード８～９クラスの地震が今後30年以内に発生する確率が70～80％と，規模・領域に幅を持たせて評価している[21]。なお，このような評価方法に変わる以前は各領域の地震（東海地震，東南海・南海地震）として評価・対策検討を行っていた。

前述の30年以内の発生確率は，国内で発生が懸念される地震の切迫性を評価するのに使用される「ものさし」だが，近年の主な地震の発生直前における下記数値（30年以内の発生確率）と比較すると，南海トラフにおける地震の発生確率が極めて高いことがわかる。

- 平成７（1995）年　兵庫県南部地震：0.02～８％
- 平成23（2011）年　東北地方太平洋沖地震：10～20％
- 平成28（2016）年　熊本地震：ほぼ０～0.9％

南海トラフで発生する地震のうち，想定される最大規模の地震であるマグニチュード９クラスの「南海トラフ巨大地震」は，100～200年の間隔で繰り返し発生しているマグニチュード８クラスの大地震に比べ，発生確率が１桁以上低いと考えられている[22]。そのため，次に南海トラフで発生する地震は必ずしも「南海トラフ巨大地震」とは限らないことに注意が必要である。一方，本項冒頭で述べたように，「想定外」をなくすため，国としては「南海トラフ巨大地震」を対象にして被害想定を作成し，対策を検討している。

21　地震調査研究推進本部「今までに公表した活断層及び海溝型地震の長期評価結果一覧」（令和３年１月13日現在）（https://www.jishin.go.jp/main/choukihyoka/ichiran.pdf）

22　地震調査研究推進本部事務局「南海トラフの地震活動の長期評価（第二版）概要資料」（平成25年５月）（https://www.jishin.go.jp/main/chousa/13may_nankai/nankai_gaiyou.pdf）

コラム4　マグニチュードと震度

震度は，ある場所での地震による揺れの強さを表し，マグニチュードは地震そのものの大きさ（規模）を表す。これは電球の明るさと周りの明るさとの関係にたとえられる。電球の明るさを表す値がマグニチュード，電球から離れたある場所の明るさが震度に相当する。つまりマグニチュードが大きくても（＝電球が明るくても）震源から遠いところでは震度は小さく（＝暗く）なる。

南海トラフ地震の被害の特徴として，以下が挙げられる。

(i)　津波被害の大きさ
(ii)　被災域の広さ
(iii)　ライフラインの長期停止
(iv)　時間差での地震発生

(i)　津波被害の大きさ

南海トラフ巨大地震の大きな特徴として，まず津波被害の大きさが挙げられる。地震の規模を表すMw（モーメントマグニチュード）は9.1，浸水面積は1,015km^{2}と，2011年東日本大震災のそれぞれ9.0，561km^{2}を上回る規模が想定されている（【図表２－３－35】【図表２－３－36】）。東日本大震災では被災地域が千葉県から北海道の太平洋側の７道県にまたがり，津波による被害が甚大であった。南海トラフ巨大地震では，静岡県から宮崎県までの太平洋・瀬戸内海側の地域が津波によって甚大な被害を受けると想定されている。2012年に公表された被害想定では，「想定外」をなくすため，防潮堤などの津波防護施設が機能しなくなる事態も考慮した最大規模の浸水域が示されている。

【図表2－3－35】南海トラフの巨大地震の想定震源断層域

	南海トラフの巨大地震		参考			
	（津波断層モデル）	（強震断層モデル）	2011年 東北地方太平洋沖地震	2004年 スマトラ島沖地震	2010年 チリ中部地震	中央防災会議(2003) 強震断層域
面積	約14万km^2	約11万km^2	約10万km^2 （約500km×約200km）	約18万km^2 （約1200km×約150km）	約6万km^2 （約400km×約140km）	約6.1万km^2
モーメント マグニチュード　Mw	9.1	9.0	9.0 （気象庁）	9.1（Ammon et al., 2005） ［9.0（理科年表）］	8.7（Pulido et al., in press） ［8.8（理科年表）］	8.7

（出所）内閣府ホームページ（http://www.bousai.go.jp/jishin/nankai/taisaku/pdf/1_1.pdf）

【図表2－3－36】南海トラフの巨大地震と東北地方太平洋沖地震との比較

	マグニチュード ※1	浸水面積	浸水域内人口	死者・ 行方不明者	建物被害 （全壊棟数）
東北地方 太平洋沖地震	9.0	561km^2	約62万人	約18,800人※2	約130,400棟※2
南海トラフ 巨大地震	9.0（9.1）	1,015km^2※3	約163万人※3	約323,000人※4	約2,386,000棟 ※5
倍率		約1.8倍	約2.6倍	約17倍	約18倍

※1：（ ）内は津波のMw，※2：平成24年6月26日緊急災害対策本部発表，※3：堤防・水門が地震動に対して正常に機能する場合の想定浸水区域，※4：地震動（陸側），津波ケース（ケース①），時間帯（冬・深夜），風速（8m/s）の場合の被害，※5：地震動（陸側），津波ケース（ケース⑤），時間帯（冬・夕方），風速（8m/s）の場合の被害

（出所）内閣官房ナショナル・レジリエンス（防災・減災）懇談会（第1回）資料（内閣府作成）「首都直下・南海トラフ巨大地震の被害想定等に関する検討状況」（https://www.cas.go.jp/jp/seisaku/resilience/dai1/siryou6-2.pdf）

海岸における津波の高さは最高で34m（高知県幡多郡黒潮町）と，東日本大震災における津波高の記録よりも高いことが想定されている（東日本大震災での海岸における津波の高さの最大値は，岩手県大船渡市の16.7m（推定））。また，海岸への津波（津波の高さ１m）の最短到達時間は２分（静岡県静岡市清水区，同焼津市）と想定されており[23]，津波の「高さ」と「到達時間の短さ」から，地震発生後からの津波避難の難しさが指摘されており，このことが後述の「半割れケース」時の事前避難の施策につながっている。

(ii)　被災域の広さ

前述のとおり，震源域が広いため，強い揺れに見舞われる地域も広くなることが想定されている。広い地域が同時に被災するため，行政等による支援が行き届かない可能性や，関連する取引先が多数被災する可能性がある。

(iii)　ライフラインの長期停止

電力・上下水道・ガスなどのライフライン施設が広範囲にわたって被災するため，ライフライン途絶の影響が広範囲かつ長期化する可能性がある。

また，製油所も被災することから，東日本大震災のときのように広範囲にわたって慢性的にガソリン不足が発生し，物流への影響も広範囲に及びかつ長期化すると想定される。

鉄道・道路などの交通網も，太平洋・瀬戸内海沿岸の地域を中心に広範囲で被害を受け，復旧までに長期間かかることが想定される。

(iv)　時間差での地震発生

過去の南海トラフ地震では，時間差で領域ごとに地震が発生したものもある（【図表２－３－34】参照）。時間差といってもその差はまちまちで，江戸時代に発生した安政東海地震（1854年12月23日）と安政南海地震（1854年12月24日）の場合は32時間，昭和年間に発生した昭和東南海地震（1944年12月７日）と昭和南海地震（1946年12月21日）の場合は約２年となっている。

23　東日本大震災では，地震発生から第１波の到達まではおおよそ30分程度であった。

(イ)　首都直下地震

2013年に改定された被害想定では，過去の被害想定の検討時には想定対象とされていなかったマグニチュード8クラスの巨大地震（元禄関東地震，大正関東地震など）による津波被害の想定や，2011年の東日本大震災での教訓を踏まえた懸念される事象（電力・水道・ガスなどの供給停止長期化，飲食料・燃料の不足の長期化など）などが追加された。

一括りに「首都直下地震」といっても，過去被害をもたらしてきた地震の規模はマグニチュード8クラスとマグニチュード7クラスがある。うち，マグニチュード8クラスの地震は新しいものだと200〜400年の間隔で発生し，マグニチュード7クラスの地震活動はそのマグニチュード8クラスの地震の間の前半は静穏で，後半は活発になることがわかっている（【図表2－3－37】参照）。

【図表2－3－37】南関東で発生した地震（M6以上，1600年以降）

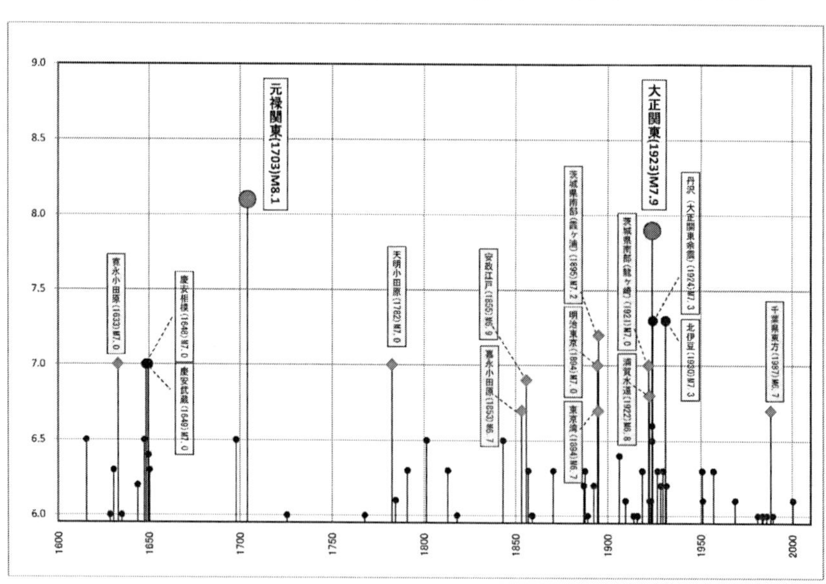

（出所）内閣府 首都直下地震モデル検討会「首都直下のM7クラスの地震及び相模トラフ沿いのM8クラスの地震等の震源断層モデルと震度分布・津波高等に関する報告書 図表集」（平成25年12月，http://www.bousai.go.jp/kaigirep/chuobou/senmon/shutochokkajishinmodel/pdf/dansoumodel_02.pdf）

現在，最後のマグニチュード８クラスの首都直下地震である大正関東地震が発生して100年近くが経過する中で，過去の地震の発生特徴に鑑みると，次のマグニチュード８クラスの地震が発生する前にマグニチュード７クラスの地震が複数回発生することが想定されている。これらの規模に応じてそれぞれの地震の切迫性（今後30年以内に発生する確率[24]）が評価されており，マグニチュード８クラスの地震[25]はほぼ０～６％，マグニチュード７クラスの地震[26]は70％程度となっている。

このことを踏まえて，政府はマグニチュード７クラスの地震を防災・減災対策の対象地震とし，甚大な津波被害が想定されるマグニチュード８クラスの地震を津波避難の対象地震としている[27]。そのため，本書でも以降は地震の揺れに伴う対策はマグニチュード７クラスの地震を対象とし，津波対策はマグニチュード８クラスの地震を対象として述べる。

被害想定に含まれている地震の概要を紹介する。

まず，マグニチュード７クラスの首都直下地震については，首都圏の様々な場所で発生し得る地震として，内閣府では【図表２－３－38】に示す19地震を想定している。

24　前掲注21参照。

25　「次の相模トラフ沿いのＭ８クラスの地震」として

26　「相模トラフ沿いのプレートの沈み込みに伴うＭ７程度の地震」として

27　中央防災会議首都直下地震対策検討ワーキンググループ「首都直下地震の被害想定と対策について（最終報告）～本文～」（平成25年12月）（http://www.bousai.go.jp/jishin/syuto/taisaku_wg/pdf/syuto_wg_report.pdf）。

【図表2－3－38】首都直下地震の想定で検討対象とした地震の断層位置

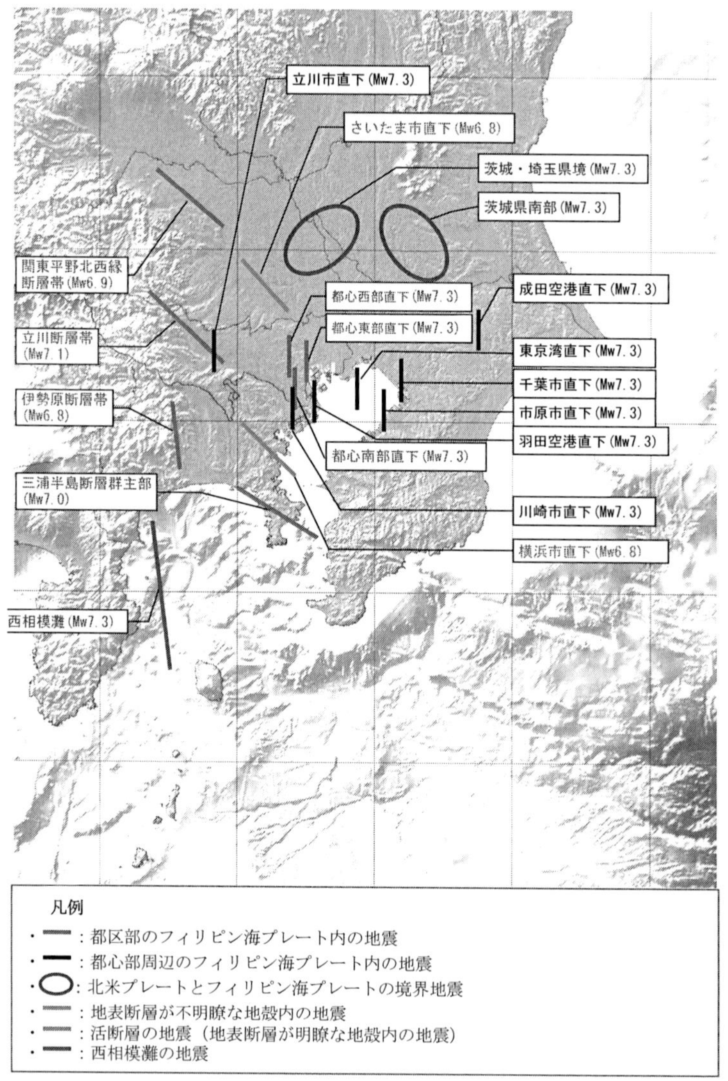

凡例
- ：都区部のフィリピン海プレート内の地震
- ：都心部周辺のフィリピン海プレート内の地震
- ：北米プレートとフィリピン海プレートの境界地震
- ：地表断層が不明瞭な地殻内の地震
- ：活断層の地震（地表断層が明瞭な地殻内の地震）
- ：西相模灘の地震

（出所）内閣府 首都直下地震モデル検討会「首都直下のM7クラスの地震及び相模トラフ沿いのM8クラスの地震等の震源断層モデルと震度分布・津波高等に関する報告書 図表集」（平成25年12月，http://www.bousai.go.jp/kaigirep/chuobou/senmon/shutochokkajishinmodel/pdf/dansoumodel_02.pdf）

これらのうち，行政の中枢や各企業の本社機能の集中する都心部を含む広いエリアに大きな影響を及ぼす「都心南部直下地震」を対象に，行政と各企業が対策を検討している（【図表２－３－39】は19地震による震度分布図）。

【図表２－３－39】首都直下のマグニチュード７クラスの19地震の震度分布

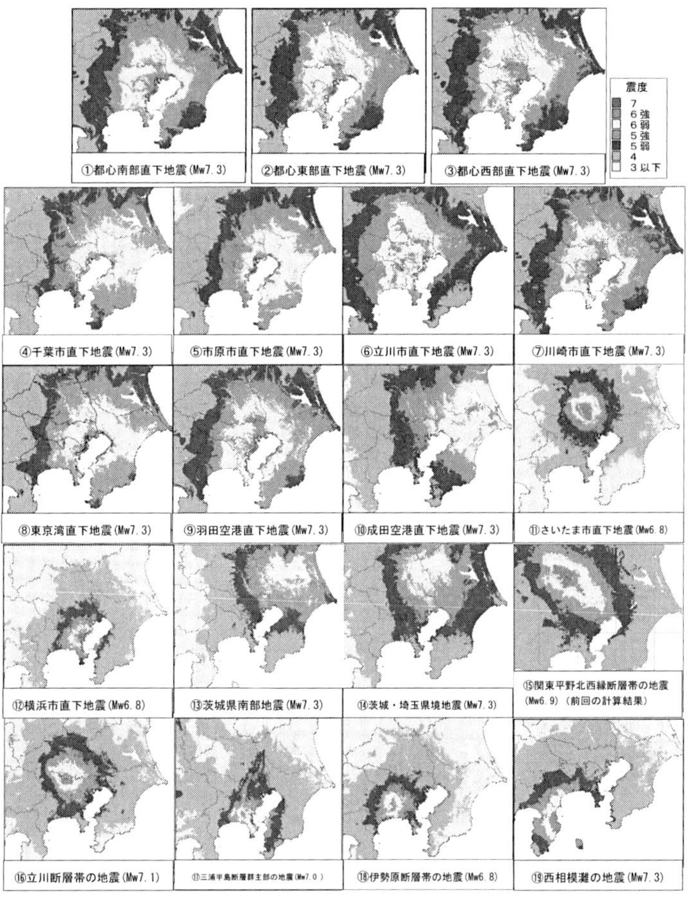

（出所）内閣府 首都直下地震モデル検討会「首都直下のM7クラスの地震及び相模トラフ沿いのM8クラスの地震等の震源断層モデルと震度分布・津波高等に関する報告書 図表集」（平成25年12月，http://www.bousai.go.jp/kaigirep/chuobou/senmon/shutochokkajishinmodel/pdf/dansoumodel_02.pdf）

次に，マグニチュード8クラスの地震による津波は，以下の4通りが想定されている。うち，元禄関東地震タイプの津波想定を【図表2－3－40】に示す。

【図表2－3－40】マグニチュード8クラスの首都直下地震による海岸線での津波の高さ

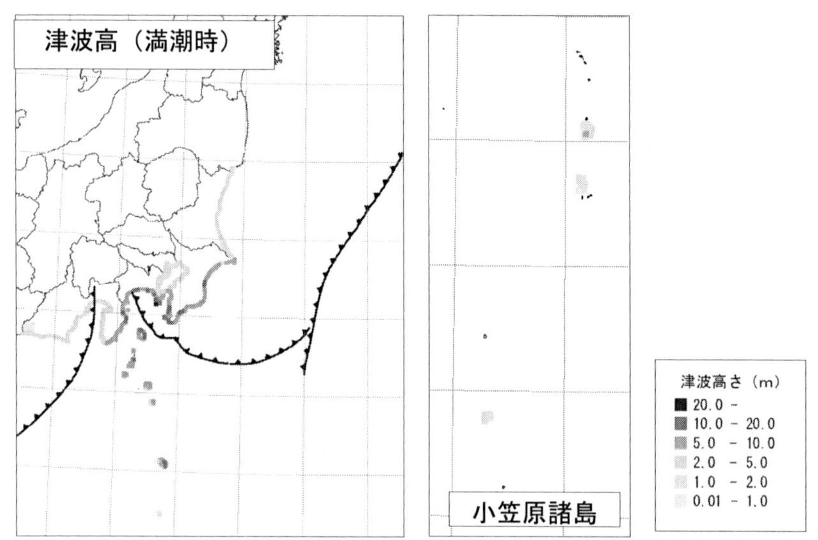

【元禄関東地震タイプの地震，堤防条件：津波が堤防を越流すると破堤する】

（出所）内閣府 首都直下地震モデル検討会「首都直下のM7クラスの地震及び相模トラフ沿いのM8クラスの地震等の震源断層モデルと震度分布・津波高等に関する報告書 図表集」（平成25年12月，http://www.bousai.go.jp/kaigirep/chuobou/senmon/shutochokkajishinmodel/pdf/dansoumodel_02.pdf）をもとに編集

これらの首都直下地震による被害の特徴として，以下が挙げられる。

(i)　大規模火災
(ii)　多数の帰宅困難者
(iii)　ライフラインの長期停止

(iv)　津波被害の大きさ

(i)　大規模火災

東京都の区部や神奈川県横浜市などの古くからの住宅地では，木造住宅の密集地域が多く存在し，地震後に一度火災が発生すると，建物の倒壊によって細街路がふさがり，避難や消防車による消火などが困難になる状況が想定されている。地震によって都心部が大きな被害を受けた場合，都心近郊の広範囲で同時多発的に火災が発生することが想定されている（【図表２－３－41】）。

【図表２－３－41】250mメッシュ別の全壊・焼失棟数（都心南部直下地震，冬夕，風速8m/s）

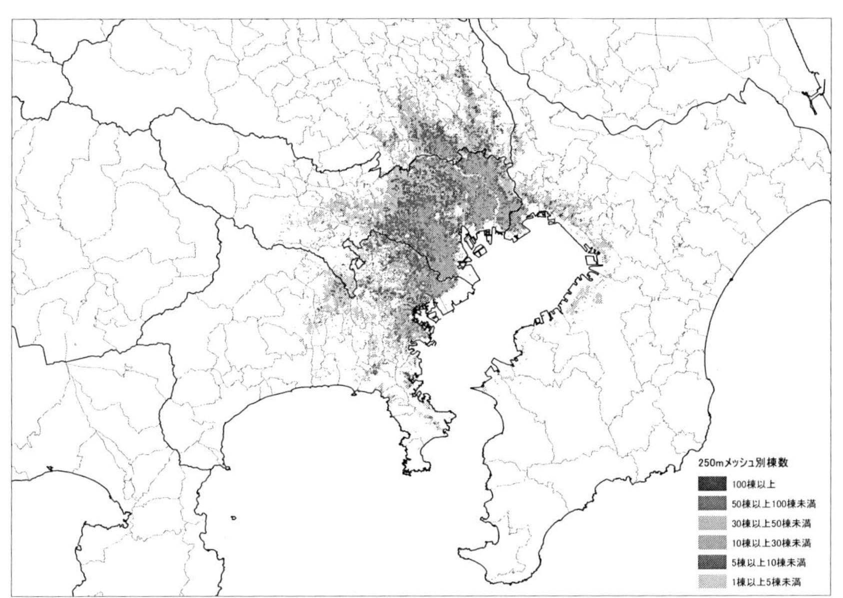

（出所）内閣府 中央防災会議 首都直下地震対策検討ワーキンググループ「首都直下地震の被害想定と対策について（最終報告）【別添資料１】～人的・物的被害（定量的な被害）～」（平成25年12月，http://www.bousai.go.jp/jishin/syuto/taisaku_wg/pdf/syuto_wg_siryo01.pdf）

1923年の関東大震災では大規模火災が発生し，火災による死者が10万人に上った。当時と異なり，耐震性および耐火性の高い建物が増えているとはいえ，火災への備えが必要である。

(ii)　多数の帰宅困難者

2011年の東日本大震災では，鉄道・バスなどの公共交通機関の停止などによって，首都圏で約515万人の帰宅困難者が発生した。首都直下地震が発生して公共交通機関が停止した場合，同様に多数の帰宅困難者が発生することが想定される。東日本大震災時は，首都圏では公共交通機関は停止したものの，停電や大規模火災，建物の倒壊などの被害はほとんど発生しなかったため，無理して歩いても安全に帰宅することができた。一方で，首都直下地震時には，前述のような被害が発生することが想定されるため，無理して帰宅すると途中で被害に巻き込まれる可能性が高い。また，一斉帰宅することで道路渋滞を引き起こし緊急車両の通行を妨げたりすることになってしまう。そのため，従業員を職場にとどまらせるための取組みが必要となる。

上記を踏まえて，東京都では，従業員が職場に安全にとどまれるための備蓄品を整備し，地震発生時には従業員をとどまらせることを，企業の努力義務として課す条例を定めている。

(iii)　ライフラインの長期停止

電力については，火力発電所の被災により最大約1,220万軒（全体の約５割）が停電すると想定されている[28]。停電は，地震発生から１週間後で約５割の復旧，１か月後で約９割の復旧と想定されている。

上水道については，最大で約1,440万人（全体の約３割）が断水し，１週間後，１か月後の断水率はそれぞれ18%，３%と想定されている。

政府業務継続計画（首都直下地震対策）では，停電，商用電話回線の不通および断水は１週間継続，下水道の利用支障は１か月継続と想定しており，企業

28　内閣府 中央防災会議 首都直下地震対策検討ワーキンググループ「首都直下地震の被害想定と対策について（最終報告）【別添資料1】～人的・物的被害（定量的な被害）～」（平成25年12月，http://www.bousai.go.jp/jishin/syuto/taisaku_wg/pdf/syuto_wg_siryo01.pdf）。

がBCPの被害想定を行うにあたって参考になろう。

(iv)　津波被害の大きさ

前述のマグニチュード８クラスの地震によって，相模湾および房総沖の地域で津波による被害が想定されている。海岸における津波の高さは最高で20m（神奈川県三浦市），海岸への津波（津波の高さ１m）の最短到達時間は１分（神奈川県小田原市，中郡二宮町，足柄下郡真鶴町）となっており，海岸近くの拠点においては津波避難の対応を検討しておく必要がある。

②　見直しのポイント

ここでは既存のBCPに基本的な内容は備わっているものとして，変更になった被害想定をもとにどのような見直しが必要になるかを述べる。

(ア)　南海トラフ地震

南海トラフ地震によって影響を受ける企業では，その他に以下の対応を検討しておく。

(i)　津波避難手順…「有事対応」に関連

南海トラフ巨大地震の想定見直しに伴い，浸水想定域が広がったことで，津波への対応が必要となるエリアが広がった。津波浸水を受けるエリアでは，以下の観点をもとに津波避難の行動を明確化し，訓練で検証・周知する必要がある。なお，以下の観点とは別に，津波情報等の収集手段や意思決定者についても明確にしておくことが望ましい。

- 想定されている被害の確認：ハザードマップなどで想定されている事態（津波浸水深，津波到達時間）を確認する。
- 津波避難場所の検討：津波到達時間までに，想定される津波の高さよりも高い場所へ避難する方法を検討する。

※津波到達時間までに時間があるのであれば，津波が浸水するエリアの外への避難（＝水平避難）を検討する（浸水エリアに取り残されることを防ぐため）。時間がない場合は，津波の高さよりも高い場所（高い建物など）への避難（＝垂直避難）を検討する。

・津波避難経路の確認：上記場所への避難にあたって，経路上に危険がないか（例：川のそば・橋を通る，古い木造家屋の密集地帯を通るなど）を確認の上，極力安全な経路を設定する。

(ii)　時間差での地震発生に備えた行動の検討…「有事対応」に関連

①で述べた，過去の時間差での地震発生を踏まえ，現在政府では発生した南海トラフ地震の規模・形態に応じ，後発地震に備えた防災対応を以下の３ケースに分けて検討している[29]（【図表２－３－42】参照）。

【図表２－３－42】南海トラフ地震における防災対応をとるべきケース

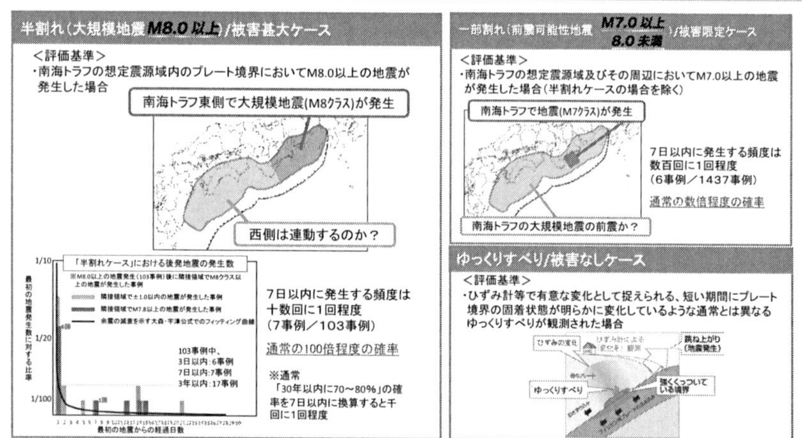

（出所）内閣府（防災対応）「「南海トラフ地震の多様な発生形態に備えた防災対応検討ガイドライン（第1版）」の概要」（令和３年５月（一部改定），http://www.bousai.go.jp/jishin/nankai/pdf/gaiyou.pdf）

29　内閣府（防災対応）「南海トラフ地震の多様な発生形態に備えた防災対応検討ガイドライン【第１版】」（令和３年５月（一部改定），http://www.bousai.go.jp/jishin/nankai/pdf/honbun_guideline2.pdf）

半割れ（大規模地震）／被害甚大ケース	•南海トラフ地震の想定震源域内のプレート境界において，マグニチュード8.0以上の地震が発生した場合 •マグニチュード8クラス以上の地震が7日以内に発生する頻度が通常の100倍程度と，大規模地震発生の可能性が相対的に高まっている状態 •直近の2事例である1944年昭和東南海地震と1946年昭和南海地震，および1854年安政東海地震と同年の安政南海地震が該当
一部割れ（前震可能性地震）／被害限定ケース	•南海トラフ地震の想定震源域内のプレート境界において，大規模地震に比べて一回り小さい地震（マグニチュード7.0以上8.0未満の地震）が発生した場合 •マグニチュード8クラス以上の地震が7日以内に発生する頻度が通常の数倍程度と，大規模地震発生の可能性が相対的に高まっている状態
ゆっくりすべり／被害なしケース	•南海トラフ地震の想定震源域内のプレート境界において，通常とは異なるゆっくりすべりが観測された場合 •南海トラフでは前例のない事例であり，大規模地震発生の可能性が平常時と比べて相対的に高まっているといった評価はできるが，現時点において大規模地震の発生の可能性の程度を定量的に評価する手法や基準はない

これら3ケースの発生パターンでそれぞれ検討されている対応概要はそれぞれ【図表2－3－43】のとおりである。

【図表2－3－43】防災対応の流れ

<table>
<tr><th></th><th>プレート境界のＭ８以上の地震※1</th><th>Ｍ７以上の地震※2</th><th>ゆっくりすべり※3</th></tr>
<tr><td>発生直後
「ゆっくりすべりケース」は検討が必要と認められた場合</td><td colspan="2">・個々の状況に応じて避難等の防災対応を準備・開始</td><td>・今後の情報に注意</td></tr>
<tr><td>（最短）
２時間程度

１週間</td><td>巨大地震警戒対応
・日頃からの地震への備えを再確認する等
・地震発生後の避難では間に合わない可能性のある要配慮者は避難，それ以外の者は，避難の準備を整え，個々の状況等に応じて自主的に避難
・地震発生後の避難で明らかに避難が完了できない地域の住民は避難</td><td>巨大地震注意対応
・日頃からの地震への備えを再確認する等
（必要に応じて避難を自主的に実施）</td><td rowspan="3">巨大地震注意対応
・日頃からの地震への備えを再確認する等</td></tr>
<tr><td>２週間※4</td><td>巨大地震注意対応
・日頃からの地震への備えを再確認する等（必要に応じて避難を自主的に実施）</td><td rowspan="3">・大規模地震発生の可能性がなくなったわけではないことに留意しつつ，地震の発生に注意しながら通常の生活を行う</td></tr>
<tr><td>すべりが収まったと評価されるまで</td><td rowspan="2">・大規模地震発生の可能性がなくなったわけではないことに留意しつつ，地震の発生に注意しながら通常の生活を行う</td></tr>
<tr><td>大規模地震発生まで</td><td>・大規模地震発生の可能性がなくなったわけではないことに留意しつつ，地震の発生に注意しながら通常の生活を行う</td></tr>
</table>

上表内の対応は標準を示したものであり、個々の状況に応じて変わるものである

※１　南海トラフの想定震源域内のプレート境界においてM8.0以上の地震が発生した場合（半割れケース）

※２　南海トラフの想定震源域内のプレート境界においてM7.0以上，M8.0未満の地震が発生した場合，または南海トラフの想定震源域内のプレート境界以外や想定震源域の海溝軸外側50km程度までの範囲でM7.0以上の地震が発生した場合（一部割れケース）

※３　ひずみ計等で有意な変化として捉えられる，短い期間にプレート境界の固着状態が明らかに変化しているような通常とは異なるゆっくりすべりが観測された場合（ゆっくりすべりケース）

※４　２週間とは，後発地震警戒対応期間（１週間）＋後発地震注意対応期間（１週間）

（出所）内閣府（防災対応）「「南海トラフ地震の多様な発生形態に備えた防災対応検討ガイドライン（第１版）」の概要」（令和３年５月（一部改定），http://www.bousai.go.jp/jishin/nankai/pdf/gaiyou.pdf）

このうち，後発地震の発生の切迫性が最も高いと評価する「半割れケース」においては，以下の対応の実施が行政にて検討されている。

- 被災地域（例えば南海トラフの東側）に対しては人命救助等の応急対策活動を最優先で実施する。
- 後発地震に対して備える必要がある地域（例えば南海トラフの西側）では，地震発生後の避難で明らかに避難が完了できない地域の住民および地震発生後の避難では間に合わない可能性がある地域の要配慮者は避難する（**【図表2－3－44】**）。

※これらの「事前避難対象地域」の指定は各自治体が行う。

※自らの地域の暮らしの観点や，被災地域への支援の観点からも，住民の日常生活や企業活動等を著しく制限するようなことは望ましくない。

【図表2－3－44】「半割れケース」における情報の流れのイメージ

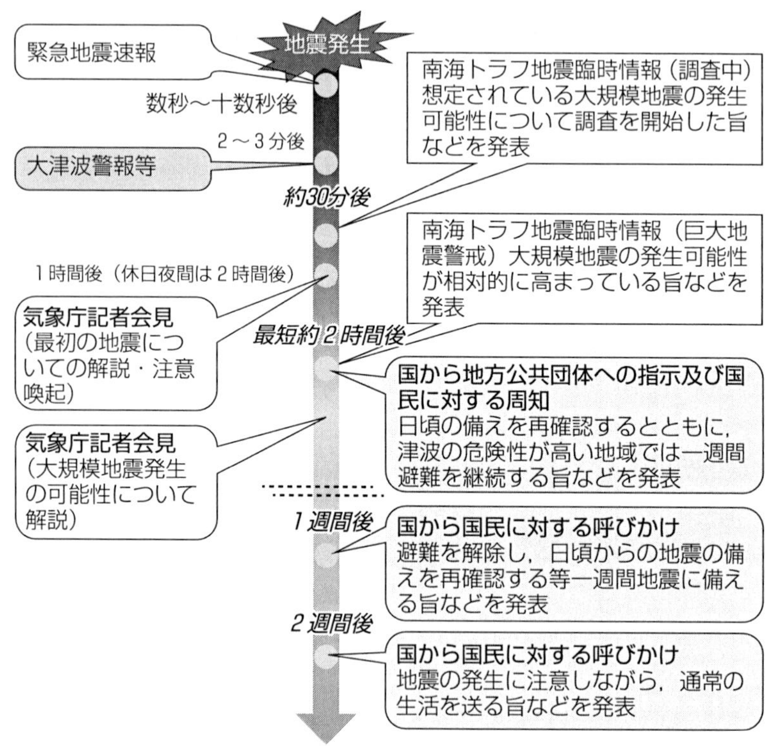

（出所）内閣府（防災担当）「「南海トラフ地震の多様な発生形態に備えた防災対応検討ガイドライン（第1版）」の概要」（令和3年5月（一部改定），(http://www.bousai.go.jp/jishin/nankai/pdf/gaiyou.pdf)

なお，以前は南海トラフ地震のうち東海地震については，地震発生の予知が可能という前提の下，予兆発生時の対応（警戒宣言を発して交通機関の停止や小売店の営業を停止させるなど）が検討されていたが，現在では正確な発生時期と規模を特定した形での地震発生予知はできないという考えの下，突発的に地震が発生する前提での対策に大きくかじ取りを変更している。

この「半割れケース」発生時においては，後発地震に対して備える必要がある地域（＝最初の地震で被災しなかった地域）では，以下の対応などが必要となる。

- 不特定多数の者が利用する施設や，危険物取扱施設等については，出火防止措置等の施設点検を確実に実施する。
- 大規模地震発生時に明らかに従業員等の生命に危険が及ぶ場合には，それを回避する措置を実施する（設備・什器等の耐震対策，危険なスペースの利用抑制等）。
- それ以外の企業についても，日頃からの地震への備えを再確認する。個々の状況に応じた防災対応を実施する等の警戒レベルを上げる（**【図表２－３－45】**参照）。

【図表２－３－45】日頃からの地震への備えの再確認等の防災対応の例

日頃からの地震への備えの再確認の例

【住民】
- 家具の固定の確認
- 避難場所・避難経路の確認
- 家族との安否確認手段の確認
- 家庭における備蓄の確認　など

【企業】
- 従業員等の安否確認手段の確認
- 利用者の避難誘導や従業員の避難経路等の確認
- 施設や設備の点検
- 什器・設備の固定の確認　など

個々の状況に応じた防災対応の例

【住民】
- すぐに避難できる準備（非常持出袋等）
- 親戚・知人宅への自主避難
- 転倒、落下物等のない安全な部屋で過ごす　など

【企業】
- 海沿いの道路利用の抑制
- 天井からの物の落下が懸念されるスペースの使用抑制
- 電子データや重要書類のバックアップ，保管
- 部品の在庫増加　など

（出所）内閣府 中央防災会議 防災対策実行会議 南海トラフ沿いの異常な現象への防災対応検討ワーキンググループ「南海トラフ沿いの異常な現象への防災対応のあり方について（報告）」（平成30年12月，http://www.bousai.go.jp/jishin/nankai/taio_wg/pdf/h301225honbun.pdf）

(iii)　停電対策…「事前対策」に関連

被害を受ける地域では，長期化する停電に備えて発電機の確保が望ましい。仕様の決定にあたっては，停電時に必要な最低限の電力量，想定する停電期間，予算を勘案する。

(iv) **非被災地域からの応援・業務代行…「有事対応」に関連**

西日本での被害が広範囲かつ長期間にわたることから，国内に複数の拠点を持つ企業においては，特に日本海側や東日本の拠点からの支援対応や一部業務の代行について検討することが必要である。

(v) **取引先被災への対応…「有事対応」に関連**

自社が被害を受けなくても，サプライヤが被災して自社の業務継続に影響を及ぼすおそれがある。サプライヤ被災時には，当該サプライヤとの関係性によって以下の対応が必要となる。

- 被災サプライヤに対する復旧支援（応援要員の派遣，支援物資の輸送）
- 代替サプライヤへの発注

なお，サプライチェーン強化に向けた取組みにあたっては事前対策が欠かせない。事前対策については「第4章4(2)サプライチェーン強化に向けた取組み事例」を参照されたい。

(イ) **首都直下地震**

首都直下地震によって影響を受ける企業では，以下の対策を検討しておく（南海トラフ地震の項で述べた内容は除く）。

(i) **帰宅困難者対策…「有事対応」に関連**

東京都では，東日本大震災における帰宅困難者対応の課題をもとに，帰宅困難者対策条例を2012年3月に制定，2013年4月に施行した。

条例では，企業に対して従業員が一斉帰宅しないよう施設内にとどまること，そのために施設内の安全確保および従業員の3日分の飲料水・食料等を備蓄することを努力義務化した。また，大規模集客施設については利用者の保護として適切に待機・誘導することを努力義務化した。そのため，都内の企業および大規模集客施設においては，それぞれ以下の観点などでの検討が必要である。

- 従業員・施設利用者の待機・宿泊スペース：男女別の設定，体調不良者を考慮したスペース設定
- 配付する備蓄品とその配付方法（従業員，施設利用者別）
- トイレや廃棄物の片づけ対応

一方で，家庭の事情等によりどうしても帰宅したいと申し出る従業員を無理に引きとめることはできないため，帰宅を認める場合の対応も合わせて検討しておく（帰宅者の記録，帰宅完了時の報告義務づけなど）。

なお，今後テレワークが定着すれば，地震時に発生する帰宅困難者数も減少するだろう。

(ii)　本社機能の代替…「事業継続戦略」に関連

従来の想定よりも停電が長期化することを前提に，首都圏に本社のある企業の本社機能が長期間（1週間程度）停止する事態に備えて，本社機能の首都圏以外の拠点における代替戦略を検討する。本社機能については，当然ながら他拠点ですべての業務の代替はできないので，最低限必要かつ代替可能な業務を選定しておく。以下が代替する業務の一例である。

- 従業員の安否確認結果の集約
- （複数拠点がある場合）自拠点の被害確認
- 社内への情報発信
- ホームページなどによる社外への情報発信
- 社外からの問い合わせ受け

一方で，現在テレワークを実施している企業で，従業員の居住地が分散している場合は，一定のリスク分散が図られているといえる。

(5)　火山噴火

2020年3月に政府の中央防災会議から，富士山が大規模噴火した場合の被害

想定が公表された。活火山は国内に111あり，うち50の火山が24時間体制で常時観測・監視されている（2020年10月時点，【図表2－3－46】）。

【図表2－3－46】火山防災のために監視・観測体制の充実等が必要な火山

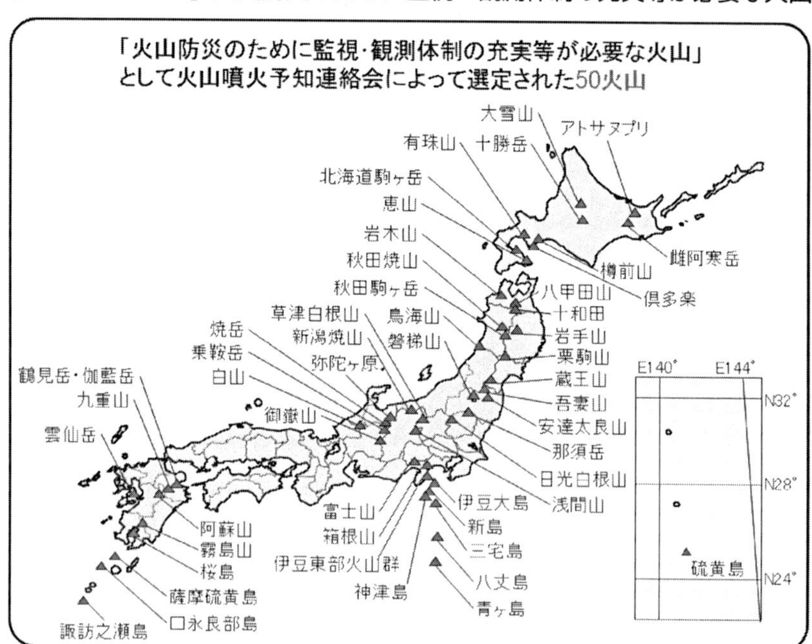

（出所）気象庁「火山防災のために監視・観測体制の充実等が必要な火山」(https://www.data.jma.go.jp/svd/vois/data/tokyo/STOCK/kaisetsu/katsukazan_toha/katsukazan_toha.html#kanshikazan)

また，【図表2－3－47】に示すように，国内では過去より多くの火山災害が発生してきたが，高度に集積され電子化された現代都市が火山噴火によって直接被害を受けた事態は世界的にもなく，現代都市がひとたび噴火による被害を受けた場合，企業の事業継続にも多大な影響を及ぼすことが想定されている。

【図表２－３－47】18世紀以降に10人以上の死者・行方不明者が出た火山災害

噴火年月日	火山名	死者・行方不明者	備考
1721（享保６）年６月22日	浅間山	15	噴石による
1741（寛保元）年８月29日	渡島大島	1,467	岩屑なだれ・津波による
1764（明和元）年７月	恵山	多数	噴気による
1779（安永８）年11月８日	桜島	150余	噴石・溶岩流などによる「安永大噴火」
1781（天明元）年４月11日	桜島	15	高免沖の島で噴火，津波による
1783（天明３）年８月５日	浅間山	1,151	火砕流，土石なだれ，吾妻川・利根川の洪水による
1785（天明５）年４月18日	青ヶ島	130～140	当時327人の居住者のうち130～140名が死亡と推定され，残りは八丈島に避難
1792（寛政４）年５月21日	雲仙岳	約15,000	地震および岩屑なだれによる「島原大変肥後迷惑」
1822（文政５）年３月23日	有珠山	103	火砕流による
1841（天保12）年５月23日	口永良部島	多数	噴火による，村落焼亡
1856（安政３）年９月25日	北海道駒ヶ岳	19～27	噴石，火砕流による
1888（明治21）年７月15日	磐梯山	461（477とも）	岩屑なだれにより村落埋没
1900（明治33）年７月17日	安達太良山	72	火口の硫黄採掘所全壊

噴火年月日	火山名	死者・行方不明者	備考
1902(明治35)年8月上旬	伊豆鳥島	125	全島民死亡
1914(大正3)年1月12日	桜島	58～59	噴火・地震による「大正大噴火」
1926(大正15)年5月24日	十勝岳	144	融雪型火山泥流による「大正泥流」
1940(昭和15)年7月12日	三宅島	11	火山弾・溶岩流などによる
1952(昭和27)年9月24日	ベヨネース列岩	31	海底噴火（明神礁），観測船第5海洋丸遭難により全員殉職
1958(昭和33)年6月24日	阿蘇山	12	噴石による
1991(平成3)年6月3日	雲仙岳	43	火砕流による「平成3（1991）年雲仙岳噴火」
2014(平成26)年9月27日	御嶽山	63	噴石等による

（出所）気象庁「過去に発生した火山災害」（https://www.data.jma.go.jp/svd/vois/data/tokyo/STOCK/kaisetsu/volcano_disaster.htm）をもとに当社編集

本節では，噴火した場合に首都圏に多大な影響をもたらすことが懸念されている富士山噴火を対象に，火山噴火に対するBCPについて解説する。

①　被害の特徴

火山噴火によって発生する主な被害を【図表2－3－48】に示す。

【図表２－３－48】火山噴火によって発生する主な被害

噴石	（影響範囲の目安：火口周辺の概ね２～４km 以内） 直径約50cm 以上の大きな岩石等は，風の影響を受けずに火口から弾道を描いて飛散して短時間で落下する。登山者が死傷したり，建物が破壊される被害が発生している。 参考：火山灰＜直径　２mm ≦火山れき＜直径　６mm ≦火山岩塊	 浅間山の噴石（平成17年８月４日）
降灰	（影響範囲の目安：火口から数十 km から数百 km 以上） 広域に降下・堆積し，農作物の被害，交通麻痺，家屋倒壊，航空機のエンジントラブルなど広く社会生活に深刻な影響を及ぼす。 日本では通常，偏西風に流されて，噴火口から東の広い地域に降り積もる。	
火砕流・火砕サージ	（影響範囲の目安：火口から 5.5 ㎞程度（雲仙普賢岳の例）） 高温（数百℃）の火山灰や溶岩，火山ガスが混じりあって，斜面を流れ下る現象（時速約100km 超）。火砕流の先端や周辺では，「火砕サージ」と呼ばれる高温ガスが熱風となって吹き付け，より広い範囲に被害をもたらす。火砕流等から身を守ることは不可能で，噴火警報等を活用した事前の避難が必要となる。火山災害の中でもっとも危険な現象の一つ。	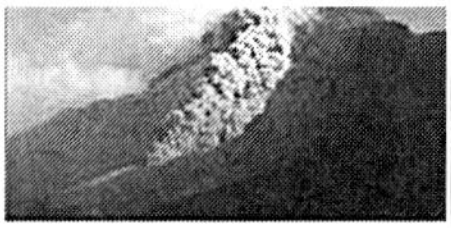 雲仙岳の火砕流（平成６年６月24日）
溶岩流	マグマが火口から噴出して 1000℃に近い高温の液体のまま地表を流れ下る現象。通過域の建物，道路，農耕地，森林，集落を焼失，埋没させる。地形や溶岩の温度・組成にもよるが，流下速度は比較的遅く基本的に人の足による避難が可能。溶岩が冷えて固まると固い岩になる。	 伊豆大島噴火の溶岩流（昭和61年11月19日）

火山ガス	マグマに溶けている水蒸気や二酸化炭素，二酸化硫黄，硫化水素などの様々な成分が気体となって放出される現象。ガスの成分によっては人体に悪影響を及ぼし，過去に死亡事故も発生している。2000年からの三宅島の活動では，多量の火山ガス放出による居住地域への影響が続いたため，住民は4年半に及ぶ長期の避難生活を強いられた。
空振	（影響範囲の目安：火口から12km離れた建物でも被害があった） 噴火によって火口から物質が放出される際に発生した衝撃波などが，空気中を伝わり観測される音波。次の3階級に分けられ，強い空振では，窓ガラスが破損するなどの被害が発生することがある。 <空振の階級> 大：窓ガラスなどが激しく振動し，時には破損することもある程度。 中：だれにでも感じる程度。 小：注意深くしていると感じる程度。
降灰後の土石流	火山噴火によって山に火山灰が降り積もったあとで雨が降ると，火山灰が流れ出し，谷の岩や土砂を巻き込んで土石流となる。ふだん土石流が発生しにくい谷川でも，火山灰が降り積もることによって土石流が起こりやすくなる。多くの火山で噴火のあとに土石流が発生して，大きな被害が発生している。 土石流被害を受けた家屋 国土交通省九州地方整備局雲仙復興事務所提供
融雪型火山泥流	（影響範囲の目安：火口から25km（十勝岳の例）） 積雪期の火山において噴火に伴う火砕流等の熱によって斜面の雪が融かされて大量の水が発生し，周辺の土砂や岩石を巻き込みながら高速で流下する現象。流下速度は時速60kmを超えることもあり，谷筋や沢沿いをはるか遠方まで一気に流下し，広範囲の建物，道路，農耕地が破壊され埋没する等，大規模な災害を引き起こしやすい。寒冷地で積雪期に起こる噴火災害の典型的な事例。積雪期の噴火時等には早急な避難が必要となる。

（出所）損保ジャパン日本興亜RMレポート Issue 134「日本国内の火山活動の動向と企業における火山対策」（https://image.sompo-rc.co.jp/reports_org/r134.pdf）
※本内容自体のオリジナルの出典は，気象庁，首相官邸，鹿児島地方気象台

②　富士山噴火時の被害想定

ここでは，1707年の富士山宝永噴火が現代に発生した場合の被害を想定した，内閣府 大規模噴火時の広域降灰対策検討ワーキンググループによる富士山の被害想定について紹介する。

㋐　被害範囲

富士山の近くでは噴石・火砕流による被害が想定されている一方，首都圏の広範囲（特に，神奈川県，東京都，千葉県など）にわたって，降灰による被害が想定されている（【図表２－３－49】）。

【図表２－３－49】富士山噴火時における想定被害範囲

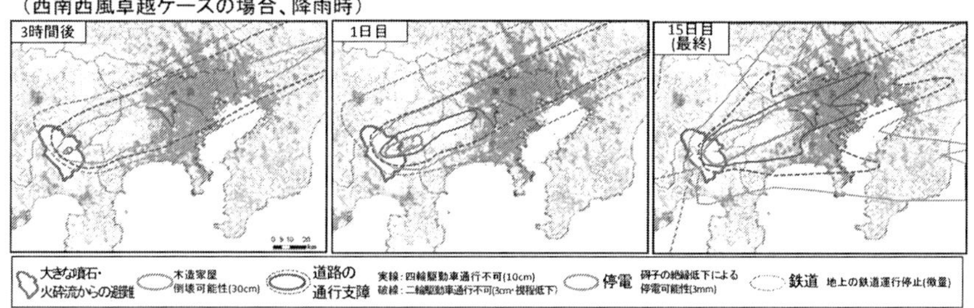

（出所）内閣府 中央防災会議 防災対策実行会議 大規模噴火時の広域降灰対策検討ワーキンググループ「大規模噴火時の広域降灰対策について―首都圏における降灰の影響と対策― ～富士山噴火をモデルケースに～（報告）【概要】」（令和２年４月，http://www.bousai.go.jp/kazan/kouikikouhaiworking/pdf/kouhaigaiyou.pdf）

㋑　被害対象

火山灰は，紙・木材などが燃えてできる灰とは異なり，ガラスと同じ成分である二酸化ケイ素を主成分とした尖った結晶質の構造をしている。水を含むと導電性を持ち，また堆積した場所に付着したり，乾燥後に固まったりする。

高度に電子化された現代の都市はこの火山灰に対して脆弱であり，降灰によって影響を受ける対象範囲も広い（【図表２－３－50】）。

【図表2－3－50】降灰による影響

対　象	受ける影響
鉄　道	微量の降灰で地上路線の運行が停止する。大部分が地下の路線でも，地上路線の運行停止による需要増加や，車両・作業員の不足等により運行停止や輸送力低下が発生する。また，停電エリアでは地上路線，地下路線ともに運行が停止する。
道　路	乾燥時10cm以上，降雨時3cm以上の降灰で二輪駆動車が通行不能となる。当該値未満でも，視界不良による安全通行困難，道路上の火山灰や，鉄道停止に伴う交通量増等による，速度低下や渋滞が発生する。
物　資	一時滞留者や人口の多い地域では，少量の降灰でも買占め等により，店舗の食料，飲料水等の売切れが生じる。道路の交通支障が生じると，物資の配送困難，店舗等の営業困難により生活物資が入手困難となる。
人の移動	鉄道の運行停止とそれに伴う周辺道路の渋滞による一時滞留者の発生，帰宅・出勤等の移動困難が生じる。さらに，道路交通に支障が生じると，移動手段が徒歩に制限される。また，空路，海路の移動についても制限が生じる。
電　力	降雨時0.3cm以上で碍子の絶縁低下による停電が発生する。数cm以上で火力発電所の吸気フィルタの交換頻度の増加等による発電量の低下が生じる。電力供給量の低下が著しく，需要の抑制や電力融通等の対応でも必要な供給力が確保しきれない場合は停電に至る。
通　信	噴火直後には利用者増による電話の輻輳が生じる。降雨時に，基地局等の通信アンテナへ火山灰が付着すると通信が阻害される。停電エリアの基地局等で非常用発電設備の燃料切れが生じると通信障害が発生する。
上水道	原水の水質が悪化し，浄水施設の処理能力を超えることで，水道水が飲用に適さなくなる，または断水となる。停電エリアでは，浄水場および配水施設等が運転停止し，断水が発生する。
下水道	降雨時，下水管路（雨水）の閉塞により，閉塞上流から雨水があふれる。停電エリアの処理施設・ポンプで非常用発電設備の燃料切れが生じると下水道の使用が制限される。

対　象	受ける影響
建　物	降雨時30cm 以上の堆積厚で木造家屋が火山灰の重みで倒壊するものが発生する。体育館等の大スパン・緩勾配屋根の大型建物は，積雪荷重を超えるような降灰重量がかかると損壊するものが発生する。5 cm 以上の堆積厚で空調設備の室外機に不具合が生じる。
健康被害	降灰による健康被害としては目・鼻・のど・気管支等に異常を生じることがある。呼吸器疾患や心疾患のある人は症状が増悪するなどの影響を受ける可能性が高い。

（出所）内閣府 中央防災会議 防災対策実行会議 大規模噴火時の広域降灰対策検討ワーキンググループ「大規模噴火時の広域降灰対策について―首都圏における降灰の影響と対策― ～富士山噴火をモデルケースに～（報告）」（令和２年４月，http://www.bousai.go.jp/kazan/kouikikouhaiworking/pdf/syutohonbun.pdf）をもとに編集

上記の主な影響の閾値を図示したのが【図表２－３－51】である。降灰時に降雨が重なると，火山灰がわずかに堆積するだけでも鉄道（地上路線）は運行停止となり，火山灰が0.3cm 以上堆積すると停電が発生，３cm 以上堆積すると自動車（二輪駆動車）が通行できない事態となることが想定されている。

【図表2－3－51】大規模噴火時の降灰による主な影響の閾値（降雨あり・停電あり）

<table>
<tr><th colspan="2" rowspan="2">項目</th><th colspan="6">火山灰の堆積厚</th></tr>
<tr><th>微量</th><th>0.3cm～</th><th>3cm～</th><th>10cm～</th><th>30cm～</th><th>45cm～</th></tr>
<tr><td rowspan="3">交通</td><td>鉄道</td><td>・地上路線の運行停止
・大部分が地下の路線でも，地上路線の運行停止による需要増加や，車両・作業員の不足等により運行停止や輸送力低下が発生</td><td colspan="5">【堆積厚によらない影響】
・折り返し運転が長期間に及ぶと，必要な車両検査ができず使用可能な車両が減少し，輸送力が低下

【停電による影響】
・地上路線，地下路線ともに，電力供給が不安定になると運行不能</td></tr>
<tr><td rowspan="2">道路</td><td rowspan="2">・鉄道の運行停止による需要増加等により，交通量が多い道路で渋滞の発生</td><td>・路上の火山灰による速度低下，渋滞の発生</td><td>・二輪駆動車の通行不能</td><td colspan="3">・四輪駆動車の通行不能（履帯車等の特殊車両は可能）</td></tr>
<tr><td colspan="5">【堆積厚によらない影響】
・視界低下による安全通行困難
・スリップ等安全な通行が確保できない道路では道路の通行が禁止または制限される

【停電による影響】
・信号機の不点灯，道路照明の消灯による，さらなる速度低下</td></tr>
<tr><td>波及影響</td><td>物資</td><td>・一時滞留者や，人口の多い地域では，買い占め等により，食料，飲料水等の店舗での在庫の売り切れ</td><td>・道路の輸送力の低下により物流が滞り，食料，飲料水等の店舗での在庫の売り切れ</td><td colspan="4">・トラック等の二輪駆動車の通行不能による物資の配送困難，店舗等の営業困難による，生活物資の入手困難

・物流寸断に伴う事業所等の操業停止</td></tr>
</table>

項目		火山灰の堆積厚					
		微量	0.3cm～	3 cm～	10cm～	30cm～	45cm～
波及影響	人の移動	*・鉄道の運行停止とそれに伴う周辺道路の渋滞による，一時滞留者の発生。帰宅・出勤等の移動困難*	*・路上の火山灰で道路が渋滞し，車での移動に著しく時間がかかる*	*・自家用車が使えなくなり，移動手段が徒歩に制限される*			
ライフライン	電力		・降雨による碍子の絶縁低下により停電	・火力発電所は，吸気フィルターの交換頻度の増加により発電量が低下する	・倒木による電線の切断により停電が発生		
	電力		【堆積厚によらない影響】 *・視程の低下により長時間海上輸送が困難となった場合，火力発電所の燃料が枯渇する。* ・火力発電所が停止するなどして供給量が大幅に低下し，需要抑制や電力融通等の対応でも必要な供給力が確保しきれない場合停電に至る。					
	通信	・噴火直後，大量のアクセスにより電話がつながりにくくなる	・携帯電話のアンテナへの火山灰付着により通信阻害が生じる		・基地局の空調設備に不具合が生じると，機器が正常に動作しなくなり，通信阻害が生じる		
	通信		【停電による影響】 *・情報通信施設等の機能停止。通信支障* *・携帯電話では，非常用発電設備の燃料切れが生じた基地局で停波。* *・固定電話の使用不能（商用電源を使わない電話機では可）*				

項目		火山灰の堆積厚					
		微量	0.3cm～	3 cm～	10cm～	30cm～	45cm～
ライフライン	上水道		【堆積厚によらない影響】 **・火山灰が原水に混ざり水質が悪化し，浄水施設の処理能力を超えることで，水道水が飲用に適さなくなる，または断水する可能性がある** **・水需要が増加することにより水不足が生じる可能性がある** ・堆積していた火山灰が雨水とともに原水に流入し，沈殿池や沈砂池等に堆積することによる浄水施設の処理能力の低下 【停電による影響】 *・停電エリアでは，浄水場および配水施設（ポンプ）等が運転停止するとともに，非常用発電設備を有する施設においても燃料切れが生じれば運転が停止し，断水が発生する*				
	下水道		【堆積厚によらない影響】 **・沈殿池の埋積，ろ過材の目詰まり等により，下水処理場の処理能力が低下・機能不全となって，下水道の使用が制限される可能性がある** ・下水管路（雨水）の閉塞により，閉塞上流から雨水があふれる 【停電による影響】 *・停電エリアで非常用発電設備の燃料切れとなる処理施設・ポンプが発生。下水道の使用が制限*				
	建物		●────→（0.3cm～45cm～） ・土石流の発生の可能性	●────→（3cm～45cm～）	**・体育館等，長スパン建物の損壊**（避難所・滞在施設としての使用不可） 土砂災害緊急情報が発表されるまでは，降灰可能性マップで10ｃｍ以上の土砂災害警戒区域（土石流）等から避難	●────→（30cm～45cm～） **・木造家屋の倒壊**	

太字：火山灰の直接影響

細斜字：他の影響からの波及影響

明朝体：降雨・停電により追加・悪化した影響

（出所）内閣府 中央防災会議 防災対策実行会議 大規模噴火時の広域降灰対策検討ワーキンググループ「大規模噴火時の広域降灰対策について―首都圏における降灰の影響と対策― ～富士山噴火をモデルケースに～（報告）」（令和2年4月，http://www.bousai.go.jp/kazan/kouikikouhaiworking/pdf/syutohonbun.pdf）

(ウ) 被害期間

富士山宝永噴火は断続的に16日間継続した。近年（2000年）発生した三宅島の火山噴火では噴火自体は断続的に２か月続き，その後も火山ガスの放出が続いたため，全島避難指示が４年半継続されていた。

同じ富士山でも西暦800年に発生した延暦噴火では，噴火が約１か月継続しており，噴火の継続期間と噴火に伴って影響を受ける期間は不確定要素である。

コラム５　噴火警報・予報と噴火警戒レベル

火山噴火による影響範囲が，経営リソースの対象としても地理的にも広いということを述べたが，全国の活火山については火山性地震などの火山活動の状況に応じて噴火警報・噴火警戒レベルを導入しており（【図表２－３－52】参照），火山活動の状況を一定程度事前に把握することが可能となっている。

2000年の有珠山噴火では，火山研究者と行政・住民が連携して，事前の避難対応を効果的に実施できた。一方で，2014年の御嶽山および同年の口永良部島での噴火のように，噴火警戒レベル１で突然噴火して被害を及ぼす事例も発生しており，すべての噴火を予知できないことに注意が必要である。

噴火警報・予報は，111の活火山を対象に，噴火に伴って生命に危険を及ぼす火山現象[30]の発生が予想される場合やその危険が及ぶ範囲の拡大が予想される場合に，「警戒が必要な範囲」（生命に危険を及ぼす範囲）を明示して発表される。

噴火警報・予報の内容は【図表２－３－53】のとおりである。

30　大きな噴石・火砕流・融雪型火山泥流等，発生から短時間で火口周辺や居住地域に到達し，避難までの時間的猶予がほとんどない現象。

噴火警戒レベルとは，火山活動の状況に応じて「警戒が必要な範囲」と防災機関や住民等の「とるべき防災対応」を5段階に区分して発表する指標であり（【図表2－3－52】），2019年7月現在48火山で運用されている。噴火警戒レベルが運用されている火山では，平常時のうちに火山防災協議会[31]で合意された避難開始時期・避難対象地域の設定に基づいて，気象庁が「警戒が必要な範囲」を明示し，噴火警戒レベルを付した上で噴火警報・予報が発表される。各レベルで想定する火山活動の状況および噴火時の防災対応に関わる対象地域や具体的な対応方法等は，火山によって異なる。

【図表2－3－52】噴火警戒レベル

種別	名称	対象範囲	レベルとキーワード	説明		
				火山活動の状況	住民等の行動	登山者・入山者への対応
特別警報	**噴火警報（居住地域）** または **噴火警報**	居住地域およびそれより火口側	レベル5 避難	居住地域に重大な被害を及ぼす噴火が発生，あるいは切迫している状態にある。	危険な居住地域からの避難等が必要（状況に応じて対象地域や方法等を判断）。	
			レベル4 避難準備	居住地域に重大な被害を及ぼす噴火が発生すると予想される（可能性が高まってきている）。	警戒が必要な居住地域での避難の準備，要配慮者の避難等が必要（状況に応じて対象地域を判断）。	

31　想定される火山現象の状況に応じた警戒避難体制を整備するため，関係都道府県や市町村，専門的知見を有する者などからなる協議会。

種別	名称	対象範囲	レベルとキーワード	説明		
				火山活動の状況	住民等の行動	登山者・入山者への対応
警報	噴火警報(火口周辺) または 火口周辺警報	火口から居住地域近くまで	レベル3 入山規制 	居住地域の近くまで重大な影響を及ぼす（この範囲に入った場合には生命に危険が及ぶ）噴火が発生，あるいは発生すると予想される。	通常の生活（今後の火山活動の推移に注意。入山規制）。状況に応じて要配慮者の避難準備等。	登山禁止・入山規制等，危険な地域への立入規制等（状況に応じて規制範囲を判断）。
		火口周辺	レベル2 火口周辺規制 	火口周辺に影響を及ぼす（この範囲に入った場合には生命に危険が及ぶ）噴火が発生，あるいは発生すると予想される。	通常の生活。	火口周辺への立入規制等（状況に応じて火口周辺の規制範囲を判断）。
予報	噴火予報	火口内等	レベル1 活火山であることに留意 	火山活動は静穏。火山活動の状態によって，火口内で火山灰の噴出等が見られる（この範囲に入った場合には生命に危険が及ぶ）。		特になし（状況に応じて火口内への立入規制等）。

（出所）気象庁ホームページ「噴火警戒レベルの説明」（https://www.data.jma.go.jp/svd/vois/data/tokyo/STOCK/kaisetsu/level_toha/level_toha.htm）に基づいて筆者作成

【図表２－３－53】噴火警報・予報の内容

区分	内容
噴火予報	火山活動の状況が静穏である場合，あるいは火山活動の状況が噴火警報には及ばない程度と予想される場合に発表
噴火警報（火口周辺） または 火口周辺警報	「警戒が必要な範囲」が火口周辺に限られる場合に発表
噴火警報（居住地域） または 噴火警報	「警戒が必要な範囲」が居住地域まで及ぶ場合に発表 特別警報に位置づけられている

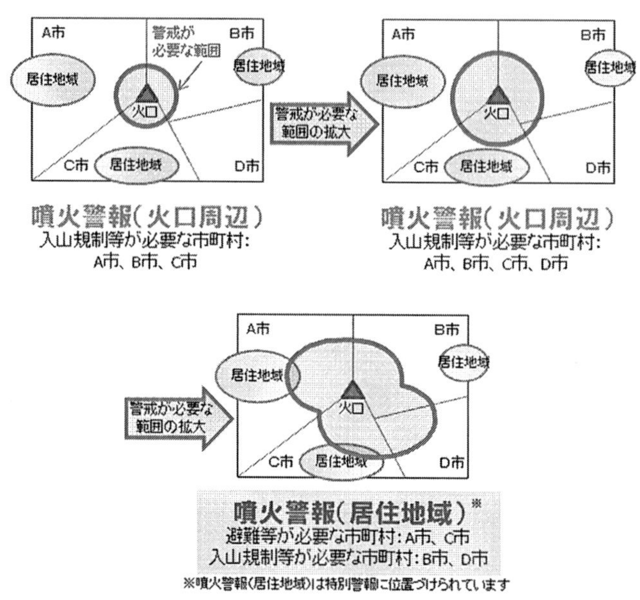

（出所）気象庁ホームページ「噴火警報・予報の説明 噴火警報と「警戒が必要な範囲」について」(https://www.data.jma.go.jp/svd/vois/data/tokyo/STOCK/kaisetsu/volinfo.html)

③ 策定のポイント

㋐ 想定される被害・噴火警戒レベルの確認…「リスク分析」に関連

火山周辺地域の自治体では，火山災害に備えるため，過去の災害記録や調査などに基づいて，火山噴火によって想定される現象や，噴火警戒レベルに対応する危険地域，避難場所などを整理した火山ハザードマップを作成している。拠点が火山周辺に位置する場合，まずは火山ハザードマップを確認し，拠点および周辺で想定されている被害を確認する。火山防災協議会で噴火警戒レベルが設定されている場合は，各レベルで設定されている規制・避難範囲についても合わせて確認しておく（**【図表2－3－54】**は富士山の噴火警戒レベルの説明資料）。

【図表２－３－54】火山別の噴火警戒レベルの設定例（富士山）

（出所）気象庁ホームページ「富士山の噴火警戒レベル」（https://www.data.jma.go.jp/svd/vois/data/tokyo/STOCK/level/PDF/level_314.pdf）

㈠　必要な対応…「有事対応」「事業継続戦略」に関連

(i)　避難

火山近くに拠点があり，生命に危険を及ぼす火山現象（大きな噴石，火砕流，溶岩流，融雪型火山泥流等）による被害が想定されている場合は，まずは安全に避難するのが最重要となる。そのため，これらの拠点では避難計画を作成して，いつでも避難できるように準備しておく。

(ii)　降灰対応

前述の火山灰の性質より，従業員の健康被害防止と建物・設備の被害拡大防止に向けた対応を検討しておく。

■従業員の健康被害防止

火山灰自体に毒性はないが，大量の火山灰にさらされると健康な人でも呼吸器系への影響，目の不快感などの症状が生じる。各症状は次のようなものが挙げられる。

- 鼻の炎症と鼻水
- のどの炎症と痛み
- 乾いたせき
- 痛みを伴う目の傷や結膜炎など

そのため，屋外では，マスクやゴーグルなどで鼻や口・目を覆うことが望ましい。また，降灰中は屋内にとどまって，火山灰が屋内に入り込まないようにドアや窓の開け閉めを可能な限り避けることが望ましい。

■建物・設備の被害拡大防止

事業の継続，もしくは一時停止後に早期再開するためには，建物・設備の被害を防ぐ必要がある。

建物については，前述の内閣府 大規模噴火時の広域降灰対策検討ワーキンググループの想定では，降雨のある時で30～45cm，降雨のない時で45～60cm，それぞれ火山灰が積もると木造家屋は倒壊するとされており，建物の倒壊を防ぐために定期的に屋根の除灰を行う必要がある。

設備については，内部に火山灰が入ると，細かいすり傷がついて故障することがあるため，外気にさらされる空調設備・製造設備などはビニルシート・ビニル袋・ラップなどで養生し，火山灰の影響がなくなったら早期に操業を再開できるように保護しておく必要がある。室内の製造設備・測定器・パソコンなどの精密機器への対応は，ドアや窓を閉め，通気口・排気口などに目張りをして火山灰の侵入を防ぐことが基本となる。設備の重要度に応じて，さらにビニルシートで保護する，密封できるビニル袋に入れるなどの措置を取る。また，運搬可能なものは影響を受けない拠点へ持ち出す選択肢もある。

降灰が落ち着いたら，早期の操業再開に向けて敷地の清掃・除灰を実施する必要がある。灰は排水溝・下水管などへ流すと排水管が詰まってしまうため，スコップなどで集めて袋に入れ，自治体の回収に関する指示を待つ。

(iii)　拠点機能の継続

「地理的な被害の広がり」×「被災する業務リソースの種類」×「長期間にわたる被害」ということから，富士山の大規模噴火に対しては，首都直下地震以上に，拠点の長期停止を前提とし，首都圏以外の拠点での代替戦略を検討することが求められる。

また，首都圏の拠点では，居住する従業員の安全確保（避難）や火山灰等からの拠点防護の取組みも必要である。降灰地域における住民の行動の考え方として，内閣府 大規模噴火時の広域降灰対策検討ワーキンググループの報告書では以下を挙げている。

- 噴火の規模，様式，タイミングの事前の予測は困難であること，降灰時に即座に生命の危機にさらされる状況ではないことから，噴火前の段階で，社会活動を著しく制限することは現実的ではない。
- 火山活動活発時には，降灰後の移動が困難になることを踏まえて，地域を離れることが可能な人は降灰が想定される範囲外へ避難する。地域にとどまる場合は備蓄等の日頃の備えを確認する。
- 降灰時には，降灰範囲に残っている人は備蓄を活用して自宅・職場等にとどまり，必要に応じて，利用可能な交通手段を使って降灰範囲外へ避難する。

従業員の避難については今後，国・自治体による有事対応・事前対策の検討が進んでいくことが予想される。

(iv)　サプライヤ対応

自社拠点が直接に被害を受けなくても，サプライヤが被災すると，自社の操業に影響を及ぼす可能性があるため，サプライヤ対応が必要となる（サプライヤ対応は「第４章４(2)サプライチェーン強化に向けた取組み事例」参照）。

(6) オールリスクBCP

これまで，地震など個別のリスクを想定したBCPで，リスクの種類を拡大する際のポイントについて触れた。様々な個別リスクへのBCPや対応手順を制定したいというニーズは強いものの，一方では次のような声もある。

- BCPで想定していないテロや火災が起きたら，地震で定めたBCPは使えないのか。
- BCPがいくつもできあがり，管理するのが面倒だ。また，相互で整合が取れておらず，各文書が体系化されていない。
- BCPで規定する大地震や感染症といった事態ほど被害はひどくはないが，より頻繁に起こるオペレーション上のトラブルにもBCPで対応したい。

物的被害の大きい自然災害（地震など）と人的被害の大きい感染症，あるいは情報システムへの依存度が高い場合はシステム障害・サイバー攻撃を想定したBCPを策定すれば，他にどのような事態が発生しても，既存BCPを応用して一定の対応ができるものと思われる。したがって，既存のBCPに「類似の災害が発生した場合は，本BCPを応用して対応する」等の一文を付け加えて済ませることもできるが，あえて様々な事態への対処を網羅するためのBCP（本書ではオールリスクBCPという。他に,「結果事象BCP」や「オールハザードBCP」という言い方がされることもある）を策定することもある。以下，オールリスクBCPの考え方や特徴について述べる。

①　結果に着目

個別リスクを想定したBCPは，まず事業中断をもたらす原因，つまり地震や感染症を特定することからスタートする（第1章2参照)。これに対し，オールリスクBCPでは，原因は特定せず，重要業務を実施するための業務リソースすべてについて，それぞれのリソースが何らかの原因により結果として使えなくなったら重要業務をどのように復旧・継続するか，を考える（結果に着目するということから，結果事象 BCP とも呼ばれる）。

比較的頻繁に起きる，次のようなオペレーション上のトラブルにも対応は可能である。

- 業務用のパソコンやプリンタが故障して，請求書が印刷できない。
- FAX が故障して，受注書を受け取れない。
- 悪天候や道路渋滞により，商品や原材料の納品が遅れている。
- 複数の担当者がインフルエンザに罹患し，欠勤している。
- 業務用システムに短時間の障害が発生して，作業ができない。
- 強風の影響で，事務所が停電した。
- 業務委託先でのトラブル発生により，データ入力作業が滞った。

②　各リソースに対して事業継続戦略を用意

第１章で触れたように，個別リスク BCP では想定したリスクが顕在化したときに，各業務リソースにどのような被害がもたらされるかについて把握し（リスク分析），被害のあるリソースについてそれらをどうカバーして，事業継続目標を達成するかを考えることが多い。

オールリスク BCP では，すべての業務リソースそれぞれに対し，それらが確保できない場合の事業継続戦略を考える（【図表２－３－55】）。

なお，リソースが確保できない場合といっても，確保できない時間や量の違いによって，事業継続戦略が異なる可能性がある。例えば，重要な業務リソースである「電力」を考える。３日間の停電であれば代替戦略を選択するかもしれないが，30分間の停電であれば復旧まで待つことを選択するかもしれない。また，例えば重要な業務リソースの１つである「従業員」であれば，全体の10％が欠勤した場合は残りの90％の従業員で残業して不足をカバーすることを選択するだろうが，50％が欠勤する場合は BCP で定める重要業務のみ継続することを選択するかもしれない。このように，業務リソースの確保できない時間や量の長短・大小に応じて複数の事業継続戦略を用意しておくことが望ましい。

加えて，複数の事業継続戦略から１つを選択する時の判断要素や判断者についても決めておくとよい。

また，実際には複数のリソースが同時に確保できなくなることがあり得るが，この場合はそれぞれの事業継続戦略から適切なものを選択したり，組み合わせたりして事業継続を図ることになる。

【図表２－３－55】オールリスクBCPにおける事業継続戦略の検討例

重要業務	受発注業務

(A) 重要業務の継続に必要なリソース		(A′) 各リソースが停止した状態の説明（被害想定）	(B) 各リソース停止時の業務への影響	(C) 各リソース停止時の事業継続戦略【短期間停止】	(C′) 各リソース停止時の事業継続戦略【中長期停止】
ライフライン	電気	ビルが使えなくなるほか，システムが停止する。電話も使えなくなる。つまり，業務が一切できなくなると考えられる。	大	しばらく業務を停止し，停電復旧を待つ。関係先には，停電のため業務が中断している旨を各自の携帯電話から連絡する。	当該業務に従事する社員は，在宅か，別の店所に移動してそこで業務を再開する。他店所での勤務が長期化する場合の人事上の手当ては，異動に準じて行う。
ライフライン	上下水道	トイレ，手洗いが使えなくなる。	中	トイレはビル外の公共公衆トイレを利用させてもらうことを原則とするが，備蓄の使い捨てトイレを利用しても可とする。飲料・手洗い水は自動販売機の飲料，あるいは非常備蓄しているペットボトル水を配布してしのぐ。	左記対応に同じ。

(A) 重要業務の継続に必要なリソース		(A′) 各リソースが停止した状態の説明（被害想定）	(B) 各リソース停止時の業務への影響	(C) 各リソース停止時の事業継続戦略【短期間停止】	(C′) 各リソース停止時の事業継続戦略【中長期停止】
ファシリティ	社屋	本社での業務が一切できなくなる。	大	社屋立入りができるようになるまで，自宅待機とする。緊急性の高い用件は，最寄り営業所にパソコン持参で出向いて対処する。また，在宅勤務可能な者は在宅勤務とする。	総務部にて，付近のテナントビルを至急契約する。執務環境が整備されるまでの間は，左記対応にてしのぐ。
	FAX	FAXによる受発注ができなくなる。	小	FAX受発注ができない旨を，取引先に電話・メールで連絡する。電子受発注システムが利用できない取引先からの受注は，手作業で行う。	FAX受発注ができない旨を，取引先に電話・メールで連絡する。電子受発注システムが利用できない取引先に対しては，社員が出向いてシステム導入を至急行う。

③　初動対応手順はリスク別に必要

オールリスクといっても，あらゆる事象に対して１つの手順で事象の発生から収束まで対応できるわけではなく，実際の対応手順はリスクによって異なる。特にリスク顕在化時の初動対応は，次に述べるようにリスクによる違いが大きい。これらの初動対応については，オールリスクBCPとは別にそれぞれのリスクに対して用意しておく必要がある（【図表２－３－56】）。

- 地震：突然揺れが来た場合の安全確保，避難，安否確認
- 台風：到達までの直前準備（強風に飛ばされそうな物の収納，排水溝の清掃）
- 火災：消防への通報，消火，避難

- 感染症：（海外で発生した場合に）国内にウイルスが侵入するまでの事前準備行動・感染予防対策

オールリスクBCPにおいて，リスク問わず共通化できるのは対応態勢（ただし，リスクにより主管部が異なる場合がある），重要業務とBCP目標（RTO，RLO）等であろう。もう1つの基本事項である事業継続戦略は，すべてのリスクに対して1つの戦略で対応できるわけではないので，前述のようにリソースごとに1つ以上の戦略をあらかじめ用意しておくことになる。この点は，リスクを特定したBCPでも，それぞれ事業継続戦略を用意することと似通っている部分である。

加えて，各重要業務に対する事前のリスク軽減策を考える場合は，重要業務の停止をもたらす個別の原因事象（地震？　火災？　感染症？）にさかのぼり，原因ごとに対策を検討する必要がある。

【図表2－3－56】個別リスクBCPとオールリスクBCPの文書体系

<原因に着目した個別リスクBCP>

※初動対応をBCPに含めない場合もある。

<結果に着目したオールリスクBCP>

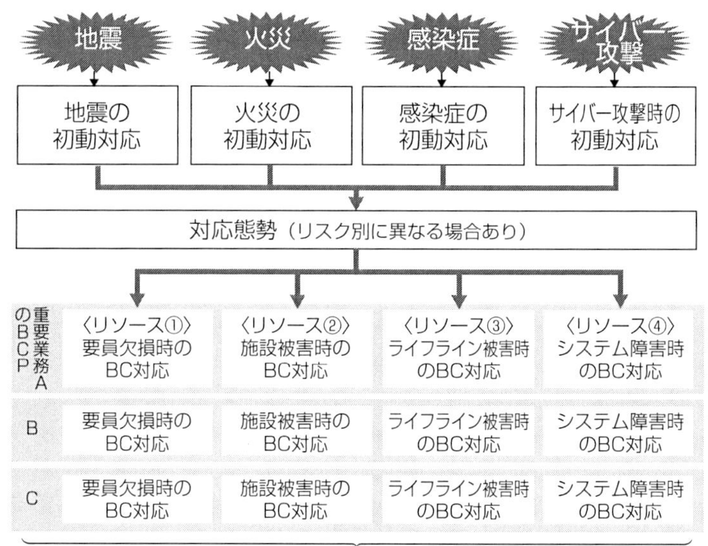

④　優劣はない

以上，簡単にオールリスクBCPの特徴等について述べたが，個別リスクBCPと比べてどちらかが絶対的に優れているというものではない。自社を取り巻くリスクの評価を踏まえ，どちらかを選択するとよい。例えば南海トラフ地震で予測される被害が甚大な地域に立地するのであれば，南海トラフ地震を想定したBCPは必要であろうし，必ずしも特定のリスクの影響が大きくない地域に立地するのであれば，オールリスクBCPを検討するのもよいだろう。

なお，オールリスクBCPでも，業務リソースの被害はどうしても一定の想定から避けられないので，想定以上の被害が出た場合（例えば，50％欠勤までは想定して準備していたが，実際には80％の欠勤となってしまった等）は，「想定外の事態」となり対応できない可能性がある。

オールリスクBCPは万能のように聞こえるかもしれないが，当然のことながら限界もあるので，注意が必要である。

すでに個別リスク想定でいくつかのBCPを策定し定着しているのであれば，あえてオールリスクBCPに改訂しなくてもよいだろう（様々な被害にどう対応するかについては，訓練シナリオの中でアレンジして検証すればよい。地震BCPしか持っていない場合でも，訓練で水害や火山噴火をシナリオとして採用してもよい）。一方で，これからBCPを本格的に作りたい，どうせ作るなら感染症にも水害にも対応できるようなものとしたい，ということであれば，オールリスクBCPも検討の余地が大いにあると思われる。

なお，繰り返しになるが，オールリスクBCPにしても，初動対応やリスク軽減のための事前対策については，リスク別にそれぞれ用意する必要があるので，結局は検討の作業量や文書量は，どちらのやり方を選択してもそれほど大きな変わりはないだろう。

4 BCP 見直しに関する Q&A

Q1

地震 BCP は作ったのですが，次はどのリスクを対象に BCP を作ればよいでしょうか。

<A 1>……………………………………

BCP の対象リスクの選定にあたっては，リスクマップなどの評価結果をもとにすることが原則です。

一方で，一般的な内容としては，昨今の状況に鑑みて水害（タイムラインの整備）とサイバー攻撃時の BCP の作成を，下記の理由から推奨します。

- 近年水害による被害が多発化・甚大化しているため，水害に対する備えが重要となってきている。被害を受けるリソースは，**【図表 2 − 3 − 1】**に示すとおり地震と共通していることから，被災後の対応は地震 BCP が一定程度準用できる。一方で，台風等の一定規模以上の現象に伴う水害は発生直前の予兆（警戒レベルや台風情報等）があるため，予兆段階で実施すべき行動をタイムラインとしてあらかじめ整理しておくことを推奨する。
- サイバー攻撃 BCP については，被害発生時の影響が大きく，発生数も増えてきている状況に鑑みると，優先した取組みが望まれる。

なお，感染症 BCP は，2020年の新型コロナ感染症への対応で各企業とも一定程度経験しており，対応内容や困った点・工夫した点等を，今後発生する新たな感染症に備えて，作成しておけばよい。

Q2

地震の揺れに見舞われる確率が低い地域に所在していますが，地震BCPはどうやって作ったらよいでしょうか。

<A 2>

地震の揺れに見舞われる確率（地震調査研究推進本部「全国地震動予測地図」のうち「確率論的地震動予測地図」）が低い地域であっても，日本であればいつ地震が起こってもおかしくないとの認識の下，地震に備える必要があります。地震BCPの前提条件となる地震発生時の被害想定（ライフラインの停止期間等）は所在自治体（都道府県や市町村）のものをもとに検討することが一般的ですが，所在自治体で作成されていない場合は，その他の自治体の被害想定や中央省庁の定めるBCP（「政府業務継続計画（首都直下地震対策）」（平成26年3月28日閣議決定））の被害想定を活用することをお勧めします（以下は「政府業務継続計画（首都直下地震対策）」で想定している内容）。

- 停電，商用電話回線の不通および断水は，1週間継続。
- 下水道の利用支障は，1か月継続。
- 地下鉄の運行停止は，1週間継続。JRおよび私鉄の運行停止は，1か月継続。
- 主要道路の啓開には，1週間を要する。

Q3

南海トラフ巨大地震の被害想定をそのまま自社に当てはめると，ライフラインの停止，自社拠点への津波被害，多数サプライヤの同時被災といった被害のため，操業再開がほとんど不可能といってもいい事態となりますが，BCPとして何を考えればよいでしょうか。

＜Ａ３＞…………………………………

南海トラフ巨大地震は，想定外をなくすための考えられる最大規模の地震という位置づけであることから，この災害を想定すると事業継続の観点からは手も足も出なくなる状態になる企業も多いと思います。事業継続の観点からは，ひとまずひと回り小さい規模の地震（例：東海地震，南海地震）を対象に，必要な対応を検討することを推奨します。

一方で，津波避難等の防災の取組みについては，南海トラフ巨大地震で想定されている被害に対して，必要な行動（浸水しない場所への避難，津波到達時間前の避難完了等）を検討しておくことを推奨します。また，可能な限り，浸水地域外に拠点を移転するなどの事前対策をご検討ください。

なお，マグニチュード８クラスの首都直下地震についても同様の考え方で，BCPはマグニチュード７クラスの地震，津波避難等の防災の取組みはマグニチュード８クラスの地震を対象とするのがよいでしょう。

Q4

新型コロナ感染症＋αの事態（＝複合災害）への備えとして，BCPの観点では何を考慮すればよいですか。

＜Ａ４＞…………………………………

新型コロナ感染症の流行下に地震や水害等が発生した事態への対応として，下記のような項目を検討されてはいかがでしょうか。

- テレワーク・交代勤務環境下における責任者の不在時に，災害が発生した場合の対応体制を整備し，社内へ事前共有しておく（例：事業所内待機時の感染防止対策（待機場所の確認，備蓄品の内容・保管場所），衛星電話・止水板等災害用資機材を使用するスキル）。
- リモートで対策本部を運営するための通信・情報共有手段を整備し，訓練で模擬体験をしておく。

・電力や上下水道，鉄道などのライフライン復旧も同様に復旧要員の投入が困難となり長引く可能性も考慮する。また，自社拠点復旧時の感染防止対策（人数制限等）を考慮し，目標復旧時間の妥当性を検証しておく。すでに設定してある目標復旧時間が守れない場合の対応もシミュレーションしておく。

Q5

複合災害はどこまで考えればよいでしょうか。例えば，首都直下地震後の荒川の氾濫発生や，首都直下地震に連動した富士山噴火の発生等が挙げられます。

＜A5＞

複合災害への取組みは，ひとまず単一災害への取組みを検討した後に，検討するのがよいと思います。複合災害の組み合わせはキリがないため（“複合”とは，2つでよいのか，3つ以上か），感染症のような長期間続くリスクと地震または水害の組み合わせが基本ケースになると思います。

ただし，複合災害を想定したBCPは，単一リスクを対象としたBCPの応用であり，必ずしも単一リスクのBCPと同じ構成・内容とする必要はありません。単一リスクのBCPとの差分（留意点など）について付記すればよいと思います。さらにいえば，複合災害に対しては，それらが発生したときの状況を具体的に想定するのが難しいです。そのため，対応マニュアルを個別に作るのではなく，訓練やこれまでの経験により培われる危機対応力で対処するほうが効率的であるとも考えられます。訓練のシナリオとして複合災害を想定し，応用力を高めるのも1つの案といえます。

Q6

新型コロナ感染症BCPの被害想定は，どのように考えればよいでしょうか（いつ終わるのでしょうか）。

<A 6>………………………………………

2020年の新型コロナ感染症の流行により実際に生じた被害・影響が基本となります。より深刻な被害を想定するのであれば，新型インフルエンザ等対策特別措置法に基づき策定された「事業者・職場における新型インフルエンザ等対策ガイドライン」[32]を参考に，従業員の40％が２週間欠勤すると想定することも一案です。なお，今回の新型コロナ感染症の流行がいつ終わるかは，誰もわかりません。日本国内では，2021年２月にワクチン接種が始まり，一定割合の国民が接種すれば流行拡大も止まることが期待されます。

なお，1918年に世界中で大きな被害をもたらしたスペインインフルエンザの流行は３年間続きました。

Q7

「新型インフルエンザ等対策政府行動計画」では，致命率によってウイルスを重度・中等度と分けていますが，ウイルスの毒性別に感染症の BCP を作成する必要はあるのでしょうか。

<A 7>………………………………………

強毒性を想定して作成して，実際に起きた際には，ウイルスの特性（毒性・感染力等）や政府・自治体等の感染対策情報等に基づき，実情に合わせて柔軟に運用することを推奨します。

また，必要な感染予防策は，毒性だけでなく以下のような情報も関係するため，毒性別に BCP を作成すれば万能となるわけではありません。訓練において毒性等の異なるシナリオを想定し，応用力を高めるのも１つの

32　https://www.cas.go.jp/jp/influenza/officeguideline.pdf

案といえます。

（毒性以外に注視すべき情報の一例）
- 感染した場合の症状（特徴的な症状や潜伏期間等）
- 感染経路（飛沫感染，接触感染，空気感染，動物等の感染源等）
- 感染力（1人の感染者が何人に感染させるか，発症前に感染する可能性等）
- 予防方法（有効な公衆衛生やワクチンの有無等），治療方法（治療薬の有無等）　等

Q8

感染症BCPにおいて，空気感染をするような新たなウイルスを想定すべきですか。

<A 8>……………………………………

近年，全世界的に流行した感染症が飛沫感染をするものであること，また空気感染に対する予防対策は飛沫感染に対するものとは大きく異なることから，民間企業等（医療機関を除く）における取組みの優先度は低いと考えます。

参考までに，空気感染の予防対策の1つに，医療従事者が使用するN95マスクの着用がありますが，事前のフィットテストや着用時のシールチェックなどを行い鼻と口を密着するように着用しないと効果がなく，日常生活の中で長時間着用することは現実的ではありません。

Q9

サイバー攻撃を受けるとすべての業務が止まります。事業継続できないのですが，どうやってBCPを作ればよいでしょうか。

<A 9>……………………………………

基本的には，現地戦略（復旧）を選択せざるを得ないと考えて，以下のようなことを検討することが必要です。

①　サイバー攻撃を受けても，被害が生じないように（または被害を軽微な程度に抑えるように）事前対策を講じること
②　被害を受けて全業務が停止してしまった場合は，どの業務（情報システム）から復旧すべきかという，優先順位を決めておくこと
③　【図表2－3－33】に示したように，情報システムを使わない継続方法を検討しておくこと

これは，拠点が1つしかない企業が地震で被災して，現地を早期復旧せざるを得ない場合と同じ考えです。

Q10

地震と風水害，感染症を対象にして，それぞれのBCPを作成しました。改めてオールリスクBCPとして整理する必要はありますか。

<A10>……………………………………

ご質問のとおり，すでに3つのリスクに対してBCPが作られているのであれば，情報システムに大きな被害が生じるシステム障害BCPやサイバー攻撃BCPを追加すれば，ほぼすべてのリソースの被害をカバーできるため，オールリスクBCPを作成する必要性は低いと考えられます（【図表2－3－1】参照）。

Q11

BCPを作成するにあたって，簡易的に作成できるようなツール・書式や，その他参考になるような情報はありますか。

<A11>

行政や業界団体等が作成しているガイドラインが参考になると考えます。以下に代表的なガイドラインを記します。

① 行政等のガイドライン

No.	発行元	文書名称	対象業種	特徴等	リンク先アドレス
1	内閣府	事業継続ガイドライン（第3版）	全業種		http://www.bousai.go.jp/kyoiku/kigyou/keizoku/sk_04.html
2	中小企業庁	中小企業BCP策定運用指針（第二版）	全業種	中小製造業，商業・サービス業の2つのタイプxコンパクト版・標準版の2つのレベルのひな型	https://www.chusho.meti.go.jp/bcp/index.html
3	全国中小企業団体中央会	組合向けBCP策定運用ハンドブック	商工組合		https://www.chuokai.or.jp/kumiai/bcp.htm
4	東京商工会議所	東京商工会議所版BCP策定ガイド	全業種	本編	https://www.tokyo-cci.or.jp/survey/bcp/
5	特定NPO法人事業継続推進機構	中小企業BCPステップアップ・ガイド	全業種		https://www.bcao.org/data/01.html

No.	発行元	文書名称	対象業種	特徴等	リンク先アドレス
6	青森県	青森県版BCP策定マニュアル＜経営革新と連動した事業継続計画書＞	全業種		https://www.pref.aomori.lg.jp/soshiki/shoko/chiikisangyo/files/aomori-bcp-manual-yoshiki.pdf
7	宮城県	みやぎ企業BCP策定ガイドライン	全業種	緊急事態対応／事業継続対応の2段階	https://www.pref.miyagi.jp/soshiki/chukisi/bcp001.html
8	山形県	山形県版BCPモデル	建設業，製造業，卸売・小売業，宿泊業，飲食業，生活関連サービス業	その他汎用版あり	https://www.pref.yamagata.jp/ 110013/sangyo/shokogyo/shien/bcp.html
9	東京都中央区	経営者向け防災パンフレット「あなたのオフィスは大丈夫！？」	全業種（オフィス防災）		https://www.city.chuo.lg.jp/bosai/bosai/kunaijigyosho/matidukuri02.html
10	東京都港区	港区事業所向け防災マニュアル「Never Too Late」	全業種（オフィス防災）		https://www.city.minato.tokyo.jp/bousai/syokubabousai/manual.html
11	神奈川県	BCP作成のすすめ（かながわ版）	全業種		https://www.pref.kanagawa.jp/documents/8327/397600.pdf

No.	発行元	文書名称	対象業種	特徴等	リンク先アドレス
12	新潟県	経営戦略と連動した事業継続計画書　新潟県モデル	製造業，非製造業		https://www.pref.niigata.lg.jp/sec/sangyoritchi/1356849601743.html
13	山梨県商工会連合会	山梨県版BCP策定マニュアル	全業種		http://www.shokokai-yamanashi.or.jp/support/bcp.html
14	静岡県	静岡県事業継続計画モデルプラン（第3版）	全業種		http://www.pref.shizuoka.jp/sangyou/sa-510/bcp/modelplan.html
15	愛知県	中小企業向け事業継続計画（BCP）策定マニュアル『あいちBCPモデル』	製造業，商業・サービス業	中小製造業，商業・サービス業の2つのタイプｘコンパクト版・標準版の2つのレベルのひな型	https://www.pref.aichi.jp/soshiki/kinyu/aichi-bcp.html
16	三重県	三重県中小企業BCPモデル	製造業，商業・サービス業	商業・サービス業，製造業の2つのタイプｘ入門編・標準編の2つのレベルのひな型	https://www.midimic.jp/kbn/08-2/bcp/index.html
17	滋賀県	中小企業事業継続計画（BCP）策定運用の手引き	全業種		https://www.pref.shiga.lg.jp/file/attachment/1005584.pdf

No.	発行元	文書名称	対象業種	特徴等	リンク先アドレス
18	大阪府商工会連合会	中小零細事業者用　事業継続計画（BCP）策定ガイドライン（第 4 版）	全業種		http://www.osaka-sci-bcp.com/wp-content/uploads/2018/07/bcp2018.pdf
19	和歌山県	和歌山県 BCP ステップアップ・ガイド	全業種		https://www.pref.wakayama.lg.jp/prefg/060300/bcpsien.html
20	鳥取県	企業 BCP 基本モデル	金属機械，電気機械，食品加工，建設，運輸，卸売，小売		https://www.pref.tottori.lg.jp/174200.htm
21	山口県中小企業団体中央会	山口県中小企業 BCP	製造業，建設業，卸・小売業，情報サービス業，運輸業（陸・海運）		http://axis.or.jp/bcp-2
22	香川県	香川県中小企業 BCP 取組指針	全業種		https://www.pref.kagawa.lg.jp/keiei/bcp/bcp_top.html
23	香川県商工会連合会	小規模企業向け BCP 策定マニュアル	全業種（小規模）		http://www.shokokai-kagawa.or.jp/upload/bcp.pdf
24	香川県中小企業家同友会・高松市	大規模災害時の事業継続計画［中小企業対象］	全業種		http://www.city.takamatsu.kagawa.jp/kurashi/kurashi/shobo/keikaku/kigyo/kigyo_keikaku.html

No.	発行元	文書名称	対象業種	特徴等	リンク先アドレス
25	徳島県	徳島県BCPステップアップ・ガイド	全業種		https://www.pref.tokushima.lg.jp/jigyoshanokata/sangyo/shokogyo/5018073/
26	高知県	南海トラフ地震に備える企業のBCP策定のための手引き（改訂版）	全業種		https://www.pref.kochi.lg.jp/soshiki/151401/files/2012031900370/2012031900370_www_pref_kochi_lg_jp_uploaded_attachment_112893.pdf
27	愛媛県	愛媛県BCPステップアップ・ガイド（第2版）	全業種		https://www.pref.ehime.jp/h30100/bcpstepupguide/
28	福岡県中小企業団体中央会	BCP策定マニュアル／BCP様式	全業種		https://www.chuokai-fukuoka.or.jp/bcp/
29	大分県	業種別BCP事例集	水産加工業，プラスチック部品製造業，造船業，建設業，運輸業		https://www.pref.oita.jp/soshiki/14040/bcp2012.html

②　業界団体等のガイドライン

No.	発行元	文書名称	対象業種	特徴等	リンク先アドレス
1	農林水産省	食品産業事業者向け事業継続計画（BCP）策定セミナーテキスト	食品産業	モデルは食品産業事業者だが，全業種で準用可	https://www.maff.go.jp/j/zyukyu/anpo/bcp.html
2	一般社団法人不動産協会	不動産協会事業継続計画ガイドライン～オフィスビル賃貸事業編～	不動産賃貸業		https://www.fdk.or.jp/k_etc/guideline.html
3	公益社団法人全日本トラック協会	中小トラック運送事業者のためのリスク対策ガイドブック	運送事業者	初動対応＋事業継続対応（BCP）ひな型つき	https://www.jta.or.jp/keieikaizen/skillup_site/BCP_guide.pdf
4	一般社団法人全国建設業協会	地域建設業における「災害時事業継続の手引き」	中小建設事業者		http://www.zenken-net.or.jp/bcp/top/
5	一般社団法人日本自動車部品工業会	BCPガイドライン	自動車部品メーカー	別に被災サプライヤの情報収集シートあり。「サプライヤ情報収集シート」でサイト内検索。	https://www.japia.or.jp/work/csrbcp/bcp_guideline/
6	東京商工会議所	BCP策定ガイド	全業種		https://www.tokyo-cci.or.jp/survey/bcp/

No.	発行元	文書名称	対象業種	特徴等	リンク先アドレス
7	一般社団法人日本建設業連合会	建設BCPガイドライン	建設業		https://www.nikkenren.com/publication/detail.html?ci=230
8	社団法人電子情報技術産業協会・情報通信ネットワーク産業協会	電機・電子・情報通信産業BCP策定・BCM導入のポイント	電機・電子・情報通信産業		http://www.bousai.go.jp/kyoiku/kigyou/keizoku/pdf/BCPBCM_2008.pdf
9	公益財団法人金融情報システムセンター	金融機関等におけるコンティンジェンシープラン策定のための手引書（第3版追補3）	金融		https://www.fisc.or.jp/publication/book/000120.php
10	日本証券業協会	会員の緊急時事業継続体制の整備に関するガイドライン	証券		https://www.ffaj.or.jp/wp-content/uploads/2019/06/ffaj-bcp_guideline.pdf
11	危険物保安技術協会	危険物保安技術協会における事業継続計画の概要			http://www.khk-syoubou.or.jp/pdf/disaster/01.pdf

No.	発行元	文書名称	対象業種	特徴等	リンク先アドレス
12	社団法人日本工業技術振興協会	事業継続マネジメント（BCM）構築の補助：解説編 Version 1.0 事業継続マネジメント（BCM）構築の補助 資料編 Version 1.0			http://www.bousai.go.jp/kyoiku/kigyou/keizoku/pdf/kaisetsu.pdf http://www.bousai.go.jp/kyoiku/kigyou/keizoku/pdf/shiryo.pdf
13	社団法人日本臨床衛生検査技師会	臨床検査部門危機管理ガイドライン			http://www.bousai.go.jp/kyoiku/kigyou/keizoku/pdf/kikikanri_vol_1.pdf
14	一般社団法人日本物流団体連合会	自然災害時における 物流業の BCP 作成ガイドライン	物流業		https://www.butsuryu.or.jp/asset/40737/view
15	一般社団法人全国銀行協会	震災対応にかかる業務継続計画（BCP）に関するガイドラインについて（概要）	銀行		https://www.zenginkyo.or.jp/fileadmin/res/news/news240316.pdf

なお，新型コロナウイルスについては，内閣官房，新型コロナ感染症対策のサイトに，感染拡大予防に関する業種別ガイドラインが掲載されています（https://corona.go.jp/）。

第 3 章

BCP の訓練をする

BCPの社内への周知や改善点の抽出のためには，教育や訓練が不可欠であることに異論はないだろう。教育のやり方としては研修やｅラーニング等の手段があり，いずれも広く採用されているが，本章では訓練に対象を絞りたい。

BCPに関するマニュアルでは，数多くのいろいろな状況を想定し，それぞれの状況ごとの対応手順を記述することは現実的でない。どうしても基本原則や最大公約数的な部分の記述にとどめることになる。そこで，マニュアルで規定していない状況や課題への対応については，訓練のシナリオの中でカバーすることで応用力を確認したり，状況に応じた対応方針を考えたりできる点にも訓練の有用性がある。

一方で，その実施の必要性は認識しても，訓練をどのようにやるべきかについては担当者が大いに頭を悩ませるところだと思われる。一度でも訓練を企画・実施したことのある担当者の悩みとしては，次のようなものが多い。

- 指定の避難場所へ駆ける避難訓練ばかりでマンネリ感が強く，参加者からも不満の声が大きい。他の訓練の方法はないだろうか。
- 対策本部員向けに緊張感のある訓練をやってみたいが，どうしたらいいだろうか。
- 地震のシナリオしかやったことがないが，感染症流行や風水害のシナリオもやってみたい。しかし，地震と違い，避難や安否確認といった実際の動きを伴わない訓練はできるのだろうか。
- 避難や安否確認などの初動訓練はイメージできるが，BCPの肝である事業継続の部分についてはどのような訓練が適当なのかわからない。
- 対策本部の行動訓練をやってみて予定どおりに終了したが，うまくいったのか，いかなかったのかがはっきりしない。

本章では，いくつかの訓練のやり方を紹介するとともに，訓練の計画・実施・評価上のポイント，また訓練後の結果の活用について述べる。

1 訓練のやり方

訓練として，読者がまず思い浮かべるのは，避難訓練，消火訓練，AED 訓練，最近では安否確認訓練など，実際に身体を動かすことを伴う，主として人命安全のために必要な初期動作や機器操作に関する訓練ではないだろうか。あるいは，情報システム部門や経理部門などでは，バックアップ機への切り替え訓練なども行っていることが多い。いずれにせよ，このような「実技」型の訓練が多数を占めていると思われる。その繰返しによる参加者1人ひとりの動作への習熟は，特に人命安全確保の観点から重要性を否定するものではないが，そればかりでは組織としての対応力強化というには程遠く，また策定済みの BCP や対策本部マニュアル等が機能するのかどうか，改善点があるのかどうかもわからない。こういった課題を解決するには，実技型以外のやり方による訓練が有効な場合も多い。

訓練の主なやり方としては次のようなものがあり[1]，それらの特徴や適当な災害シナリオを【図表３－１－１】【図表３－１－２】に示す。なお，実際にはこれらを組み合わせることも多い。

- 実技
- 読合せ
- ロールプレイング
- ワークショップ

1　訓練支援サービスを提供するコンサルティング会社等により，呼び方は異なる。

【図表3－1－1】訓練のやり方の特徴

特徴＼やり方	実技	読合せ	ロールプレイング	ワークショップ
得られる主な成果	動作・手順の理解・体得	ルール・手順の理解	一連の流れや役割の理解	個別具体的な課題解決・状況への対処に関する共通認識の獲得
	課題の洗出し			
訓練中の身体の動きの割合	大	なし	中～大	なし
訓練中の議論の割合	小	中	小～中	大
準備の手間	小	小～中	大	大
主たる参加者	有事に当該動作が求められる者	有事に当該役割が求められる者	対策本部要員	対策本部要員 訓練目的に沿った設問への回答が出せる者

【図表3－1－2】訓練のやり方と適当な災害シナリオ

災害の種類＼やり方		実技	読合せ	ロールプレイング	ワークショップ
初動対応の検証	火災	◎ （消火，避難）	○	△	△
	地震・津波	◎ （避難，安否確認）	○	◎ （対策本部運営）	○
	台風（到達前）	◎ （止水措置，避難）	○	◎ （対策本部運営）	○

災害の種類＼やり方		実技	読合せ	ロールプレイング	ワークショップ
初動対応の検証	台風（到達後）	○（安否確認）	○	◎（対策本部運営）	○
	感染症	○（防護具着用，消毒手順）	○	△	◎
事業継続戦略の検証	災害問わず	◎（代替への切換）	○	△	◎

◎：最適，○：適当，△：あまり適当でない

訓練は，それぞれのやり方の特徴をよく理解して，目的に沿ったものを選択することが大切である。

(1)　実技

地震の揺れ体験，避難，消火器操作，安否確認システムの受発信，AED操作等の災害発生時の初期動作の訓練として，最も頻繁に行われているやり方である。このほかにも，情報システムのバックアップ機への切替え訓練，災害対策本部用資機材の設置訓練や休日発災を想定した徒歩参集訓練，衛星携帯電話の通話訓練などが挙げられる。災害対応の過程における特定の動作について，実際に身体を動かしてやってみるものであり，特に説明の必要はないだろう。

(2)　読合せ

規程やマニュアル等の文書を対象に，参加者で記述内容を読んで確認する訓練である。文書の内容を理解したり，あるいは抜漏れを見つけたりするのに向いている。

単に文書を読んでいくだけでなく，訓練実施事務局側であらかじめ仮想の具体的な災害シナリオを作成し，そのシナリオ下での記述・行動を確認するとい

うやり方もある。

また，会議室に集合してマニュアルを机上で読んでいくことのほか，次に例示するような，マニュアルを読みながら現地・現物を確認する「ウォークスルー」といったやり方も，読合せの派生形として考えられる。

- 避難マニュアルに従い，津波避難場所まで実際に歩き，経路や途上の危険箇所などを確認する。
- 工場内の地震発生直後の被害点検チェックシートに従い，設備点検箇所を指差し確認する。

(3) ロールプレイング

マニュアル等で規定されている有事の各自の役割（対策本部長や事務局長，情報収集班長等）になりきって，訓練内で与えられた状況下でその役割に期待される行動をする訓練である。

よくニュースで，自治体等が実施した大掛かりな訓練の様子が放映されることがある。参加者がヘルメットや所属班名を明記したビブスを着用して，電話をかけたり，ホワイトボードに書き込んだりしている様子を目にするが，これはロールプレイングの典型例である。

訓練においては，災害発生の日時を設定した上で複数の時系列の訓練局面を設けることが多い。例えば，災害発生から30分後，3時間後，12時間後，24時間後，48時間後等である。各局面には時間の制約があり（例えば，2時間の場面を30分で訓練してみる等），実際の時間を圧縮して時間設定されるために，参加者はスピーディな行動を要求されることが一般的である。ゆっくり時間をかけて行動していると，与えられる情報を消化できずに時間切れとなる。

訓練において参加者に求められる行動は，次のような内容が多い。

- 対策本部の設置判断・設置指示

- 対策本部要員の招集，対策本部室の資機材設置
- 情報収集（訓練進行係から提示される場合と，自ら関係先に情報を取りに行く場合あり）
- 収集した情報の取りまとめ（ホワイトボードや模造紙への記入，パソコンで所定の報告様式ファイルへの入力等）
- 情報の共有（模擬の対策本部会議や，社内イントラネットへの情報書込みなど）
- 収集した情報に基づく意思決定（模擬の対策本部会議の形式を取ることもある）

収集する情報としては，実際の災害対策本部各班の役割を踏まえると，地震をテーマとした訓練の場合は次のようなものがある。

- 災害そのものに関する情報（震度・震源，津波の有無，事故や火災の詳細，死傷者の発生状況等）
- ライフラインの稼働状況（電気，水道，通信，鉄道，バス，道路等）
- 従業員の状況（安否確認システムへの返信結果，死傷者の有無，負傷の程度等）
- 社内の状況（建物，設備，機械，在庫，原材料，情報システム，車両，周辺地域への影響等）
- 顧客・利用者や委託先の状況とそれらからの要望・質問
- 物流の状況
- 地域の被害状況，自治体・周辺住民からの要請・要求等（特に災害時協力協定を締結している場合はこれらの情報も必要である）

また，意思決定すべき対象としては次のようなものがある。

- 安否不明者のフォロー
- バックアップ機への切替え指示
- 代行対策本部の立上げ指示
- 顧客・利用者や委託先からの要望・質問への回答方針
- 災害発生当日や翌営業日の営業方針，出退勤の方針
- ホームページでの情報公開の内容・程度

- 被災拠点への支援内容
- 被災拠点への先遣隊の派遣要否，その陣容
- 被災地域や災害協定締結先への支援内容

ロールプレイング訓練は，短時間に多くの行動をこなさないといけない必要がある場面を再現して体感・習得するという目的に向いており，特に災害発生後数時間～数日程度の，立上げから一定期間にわたる対策本部の運営訓練として用いられる場合が多い。

また，訓練のシナリオについてあらかじめ参加者に台本が用意されていて，台本どおりに参加者が振舞いながら自らの役割・行動を理解するタイプと，訓練シナリオは知らされず（どのような災害を想定した訓練なのか程度のみ知らされるのが一般的），当日の進行の中で情報が次々に開示されて，臨機応変に適切な行動をしなければならないタイプがある。前者は，初めて訓練に参加する人やその役割を初めて与えられた人が多い場合に向いている。シナリオブラインド訓練ともいう後者は，すでに災害時の役割・行動についてある程度の知見・経験があり，訓練では理解度や応用力を試したい場合に向いている。

なお，ロールプレイング訓練の実施に際しては，次のような懸念もある。

ロールプレイング訓練では時間的な制約もあり，被害の状況などが1分から数分おきに次々に参加者に提示されることが多い。そのため，訓練の最中における1つひとつの行動の適切性について十分に考慮・省察されないままに，訓練がどんどん進行していく傾向が強い。訓練企画者が訓練中に検証されることを期待して盛り込んだ具体的な場面において，参加者が（時間が十分にないために）熟考せずにさっと行動・判断して流れて行ってしまい（特にそれらが対策本部長の指示であればなおさらである），そのまま訓練が終了してしまうこともよくある。この懸念を解消するためには，訓練終了後に振返り会を設け，訓練中の各自の行動が適切だったかどうか，別のよりよい行動もあったのではないかと確認し合う場を設けるとよい。

(4)　ワークショップ

前述のとおり，ロールプレイング訓練は実際の状況に近い状態を再現しつつ，災害対応の一連の行動の実行や判断に主眼を置いたものである。また，1つひとつの行動や判断にかけられる時間も少ない。

このようなロールプレイングの特徴に対し，ワークショップでは参加者間での「議論」に主眼を置く。したがって，あるべき行動や判断について共通認識を見出したり，危機対応上想定される課題を解決したりするのに向いている。訓練企画者が参加者に議論して一定の答えを出してもらいたいテーマ（設問）を訓練企画の段階で用意し，訓練当日は一定の前提条件や関連情報を与えた上で議論してもらうようなやり方となる。なお，議論においては，共通認識を得るのに必要十分な時間をかける必要がある。1つの問いにつき，少なくとも15分程度は議論の時間を用意したい。

また，すべての参加者が議論にしっかり加われるようにするために，1つのグループの人数を絞り込んで議論を行う。筆者の経験上，4～5人が最適である（これより多いと議論に加わらない（加われない）参加者がどうしても発生してしまう。また，参加者のグループ分けは，有事の役割（対策本部○○班）に沿ったものと平時の所属に沿ったもののいずれかがある）。

なお，ワークショップでの議論のテーマとしては，次のようなものがある。すべてのグループに同一の設問を投げかけて回答を比較することもあるし，それぞれのグループの有事・平時の役割に沿った設問を投げかけてもよい。

①　マニュアルで想定していない事態への対処方針の作成

- 外部からの帰宅困難滞留者が本社ビルに入ってきた場合の対処
- 東京本社対策本部の復旧が遅れ，大阪支店代替対策本部にてBCPで想定する以上の役割が求められる事態になった場合の対処
- BCPで想定する以上の壊滅的被害が生産拠点に発生した場合の再建の是非

② BCP局面における復旧計画の立案
- 優先復旧製品や優先供給顧客の決定
- 生産計画の練直し
- 工場復旧スケジュールの策定

③ 現状の防災・BCPについて課題の洗出し，今後取るべき対策の検討
- ハード対策（浸水対策，耐震対策，非常用通信手段等）
- ソフト対策（マニュアルの作成や見直し，BCP代行者への権限付与等）
- スキル対策（別シナリオでの訓練実施，機器操作への習熟等）

上記を訓練で参加者に提示する設問の形にすると，次のようになる（上記①のテーマに対し）。

- 当社の本社ビルでは，非常用発電機や十分な備蓄品保管スペースもないことから，外部からの帰宅困難者受入れを想定していない。しかし，地域貢献も期待されていることから，その一環として受け入れるように方向転換すべきか。受け入れる場合，備蓄品の配付やトイレの提供など，どこまで対応すべきか。
- BCP上で，東京都心にある本社は3日後には復旧するとの想定を置き，その間の本社重要業務は，一部を大阪支店で代行するほかは3日間休止することとしている。万一，本社機能復旧が長期化する場合，重要業務をそれ以上休止することは経営上困難である。重要業務ごとにどのような対応策が考えられるか。また，それらを実現するためにクリアしておくべき課題は何か。
- 製品供給が滞った場合のBCPでは，限られた製品在庫を既存顧客にどう割り当てたらよいのか，考えが明確にされていない。どのような要素をもとにして，誰が判断すればよいか。

  ※訓練日付近の実際の受注・在庫データをもとに具体的に議論してもらうとよい。
- 現状の南海トラフ地震を想定してBCPでは，瀬戸内海沿いに立地する工場の津波浸水深について自治体想定をもとに0.5m程度とし，生産再開まで1.0か月としている。万一想定外の津波があった場合，被害が大きくなり，生産再開までに要する期間が延びるが，その間の供給責任をどう果たすべきか。また，工場の被害が甚大な場合，あくまでも再建にこだわるべきか，断念すべきか。

「身体の動きを伴わないものは訓練ではない」という先入観を持っている方が多いが，筆者の経験では，「ワークショップをやってみたら，得られた成果が大きかった」「参加者からの評判がよかった」という評価が多い。これは，参加者それぞれが自分の意見をしっかり述べ，他者と議論できるという訓練中のプロセスに対する満足感が高いためと思われる。

なお，ロールプレイングとワークショップは，明確に区分しにくい側面もある（例えば，課題の特定と対処方針を決める対策本部会議だけを訓練として行う場合は，ワークショップといえなくもない)。両者の特徴・相違について,【図表３－１－３】に改めて示す。

【図表３－１－３】ロールプレイング訓練とワークショップ訓練の違い

やり方 比較項目	ロールプレイング	ワークショップ
実施目的（成果）	一連の流れや役割の理解	個別具体的な課題解決・状況への対処に関する共通認識の獲得
訓練中の状況の設定	１つの局面の中で，実際の時間を圧縮して再現することが多い 時間推移に従い複数の状況（局面）を設けることが多い	特に状況の設定に制約はない
訓練中の参加者の動き方	動きが中心 （対策本部会議等の体裁による議論もあり）	議論が中心 （問いに対する一定の答えをグループで出すことが期待される）
判断・行動にかけられる時間	短い（短時間で対応しなければならない）	長い（回答を出すのに必要十分な議論を経る）
臨場感の再現要否	一定の再現が必要	特に再現不要

比較項目＼やり方	ロールプレイング	ワークショップ
参加者の立場	有事の立場（規程内の対策本部等における立場）	有事の立場でも平時の立場でも可

(5) その他

訓練に参加する組織を自社だけでなく，自社サプライチェーンを構成する企業や，あるいは同業他社と連携[2]して同時に行う訓練もある。

また，これまでは訓練は大きな会議室等に参加者全員が集まって行うのが一般的であったが，最近普及が加速したWeb会議システム等により，テレワークを想定して参加者が別々の場所から参加するようなやり方も徐々に試みられている。

なお，設問を事前に提示しておき，あらかじめ各自の考えを整理した上で訓練に参加してもらう方法もある。この場合，訓練当日は各自の考えを他のグループメンバーとすぐに共有でき，当日の進行が効率的になる。

2 訓練のプロセス

訓練のプロセスも，PDCAサイクルに則るのがよい。やって終わり，ではなく，結果を適切に評価し改善につなげることで，訓練の効果が最大化されるし，次回以降の訓練の計画にもつながっていく（**【図表3－2－1】**）。

2　同業他社と連携して業界横断で行う訓練を，ストリートワイド訓練と呼ぶことがある。国内でも金融機関などで行われた事例がある。

【図表３－２－１】訓練のPDCAサイクル

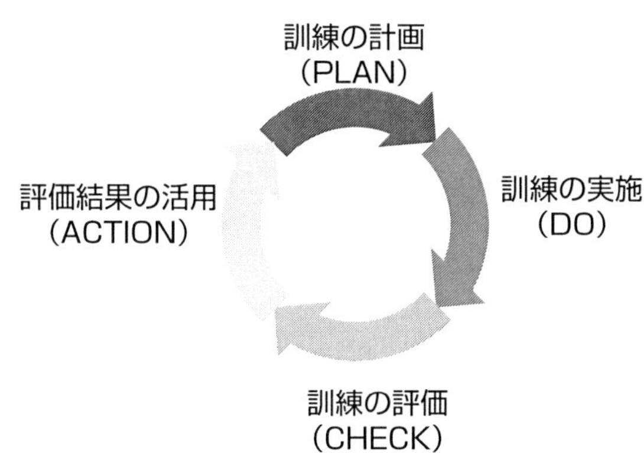

(1)　計画（PLAN）

訓練の目的，ねらいを明確にし，訓練のやり方，対象者，スケジュール等の方針を決定した上で，内容を具体化して進行資料などを用意する。最も手間がかかるプロセスであるが，訓練の効果を最大化するためには十分に時間をかけて計画することが必要である。

(2)　実施（DO）

訓練の本番である。一般に，関係者が一同に集まり訓練を実施できる機会は少ないため，与えられた訓練時間を有効に使うことが重要となる。そのためには，訓練事務局による進行の準備や，事前説明会におけるオリエンテーション等の入念な事前準備を行うのが有効である。また，訓練時の「気づき」や今後の取り組むべき課題等を参加者が共有するため，終了後に講評や振返り会を行うことも大切である。

(3)　評価（CHECK）

訓練事務局による評価シート等を用いた評価や，参加者によるアンケートを用いた評価を行う。これらの評価により，課題を洗い出し，改善点等を検討する。

(4) 評価結果を活用した改善（ACTION）

評価結果に基づき，改善を要する事項を抽出して改善を行う。改善には，行われた訓練そのものに対するものと，BCPに対する自社の取組みに対するものがある。後者は，ソフト面（規程やマニュアルの修正，新規作成など）とハード面（備品や資機材の整備など）に加え，スキル面（教育・訓練の実施）があり，また即日対応できるものから予算措置を講じて数年先に実施されるものまで含まれる。速やかに対応策と実施の是非を検討し，順次対策を実施した上で，次回以降の訓練でその効果や実効性について検証することが，訓練のPDCAサイクルにおいては理想的である。

訓練をやったにもかかわらずその結果が実際の改善に反映されない場合には，訓練そのものが形骸化してしまうほか，参加者の参加意欲も低下するおそれがある。

3　各プロセスの詳細

以降，各プロセスについて詳細に説明する。

(1) 計　画

訓練の計画プロセスにおけるおおよその流れは，次のとおりである。なお，これらは必ずしも一方向に進められるものでなく，いくつかのプロセスを同時並行で考えたり，行きつ戻りつしながら組み立てたりすることも多い。

①　目的を明確に設定する。
②　目的に即した参加者を選定する。
③　目的に即した訓練のやり方を選択する。
④　目的を達成できるように設計する。

⑤　実施するための資料を作る。

①　目的を明確に設定する

訓練の重要性を強く意識するあまり，「訓練をやる」こと自体が目的化してしまいがちである。この場合，せっかく時間や人手をかけて訓練したにもかかわらず，組織として次につながる成果が得られず，担当者の自己満足で終わってしまうおそれもある。せっかく訓練をやるのであれば，その訓練の目的をはっきりさせなければならない。目的の明確化とは換言すれば，訓練企画者がその訓練の結果として得たいものを明確にする，ということである。目的のない訓練に成功はない，といっても過言ではない。

訓練の実施目的としては，次のようなものがある。

- マニュアル等を初めて作成した場合や，初任者向けに，手順や各自の役割を理解させたい。
- 手順や各自の役割をどの程度理解しているのか確認したい。
- 初めて導入した資機材やシステムの使い方を理解してもらいたい。
- マニュアルに大きな抜漏れや誤りはないか，確認したい。
  - 行動手順の漏れや誤り
  - 連携すべき他部門・関係先の漏れ
  - 使用資機材の漏れ，仕様の誤り
- マニュアルどおりに動けるのか，確認したい。
  - 津波到達時間までに，全員が高台に避難できるか。
  - 防災機材や備蓄品等を適切に使用できるか。
  - 複数の事業所と本社対策本部は適切に連携できるか。
  - Web 会議ツールを用いて，円滑なコミュニケーションが取れるか。
- 置かれた状況で，適切な判断ができるのか，確認したい。
  - 人命安全と事業継続のバランスを取った判断ができるか。
  - 有事における行動の基本方針や対策本部における自らの役割を踏まえ，災害の状況に応じた判断ができるか。

－事業継続のシミュレーション場面で，BCPで規定した基本的な方針に則り，取引先の要求や自社の制約を考慮した判断[3]ができるか。

なお，訓練は，既存の有事行動における基本方針やマニュアル・資機材等の周知・習得・検証を目的として行うのが一般的であるが，逆に，方針やマニュアルをこれから作るための材料集めを目的として実施されることもある。訓練中に顕在化した参加者の考え方や発言を，これから作ろうとする方針に反映するという方法だ。

また，よく言われることだが，訓練はあらかじめ想定したシナリオどおりに進行・完了することだけが成功ではない。むしろ，想定どおりに行かなかったり，想定外の意見が出てきたりした場合のほうが得るものが多いこともある。その場合，その原因を追究して必要な改善を行い，次回以降の訓練内容への反映や，規程やマニュアルの見直しができれば，危機対応力は訓練前より向上したといえる。結局は，訓練の目的をどう設定するかが大切である。

② 目的に即した参加者を選定する

目的が決まったら，訓練の参加者や参加組織を選定する。本社と被災事業所の連携を確認する訓練であれば，本社と被災事業所の対策本部要員が参加者となる。

対策本部訓練などを実施する場合は，オブザーバーを含め大勢の参加者を集めがちだが，それぞれの参加者の参加目的が何か，よく考えて招集することが必要である。

③ 目的に即した訓練のやり方を選択する

訓練のやり方についていくつかのパターンを示したが，訓練目的を達成するために最適な訓練のやり方を選択する。

目的からやり方を選択する例を【図表３－３－１】に示す。

3 顧客や製品の優先順位づけなど。

【図表３－３－１】訓練の目的と適当なやり方の選択例

目的の例	適当なやり方の例
ルールやマニュアルの周知・理解	読合せ
マニュアルの抜漏れの検証	読合せ 実技 ワークショップ
マニュアルどおりに動けるのかの検証	読合せ 実技 ロールプレイング
状況に応じた適切な判断ができるかの検証	ロールプレイング ワークショップ

同じやり方を毎回繰り返すことも，マンネリ感の原因となりやすい。いろいろなやり方を試し，それぞれの特徴の違いを実感していく中で，目的に沿った適切なやり方がうまく選択できるようになると思われる。

また，必ずしも１つだけでなく，複数のやり方を組み合わせることで目的を達成しやすくすることもできる。以下に，１回の訓練の中での，複数のやり方の組み合わせ例を示す。

- バックアップ切替え手順の理解［読合せ］＋実際のバックアップ切替え作業［実技］
- 地震発生直後の身体安全確保［実技］＋災害対策本部立上げ［実技］＋災害対策本部の運営［ロールプレイング］
- 災害発生時の対策本部の役割の理解［読合せ］＋災害対策本部の運営［ロールプレイング］
- 災害発生時の対策本部の役割の理解［読合せ］＋個別具体的な対策本部運営上の課題の検討［ワークショップ］

- 災害対策本部の立上げとその運営［総務部など管理部門主体のロールプレイング］＋BCPに則った重要業務の継続・早期復旧についての検討［事業部主体のワークショップ］

④ 目的を達成できるように設計する

訓練目的を達成するための具体的な内容を考えるプロセスであり，訓練の企画の中では，慎重かつ念入りな検討が必要なところである。

特にロールプレイングの場合は，検証すべき内容を特定して企画の中で具体化しなくても，一気通貫で訓練が流れて終われば，参加者も企画者も何となく「やった気分」になり，それでよしとしがちである。訓練の効果を最大化するためにも，具体的にどのような内容とすれば目的を達成したことになるのか，しっかり考えなければならない。

例えば，訓練の目的として，「マニュアルの検証」，すなわちマニュアルの抜漏れや改善点の抽出がよく設定される。では，どうしたら訓練の中で参加者にマニュアルの抜漏れや改善点の抽出を効率的・効果的にしてもらえるのか，具体的に考えていく必要がある。その際の留意事項を2点挙げる。

㋐ 企画者自身の考えを問う

まず，訓練企画者自身が「マニュアルのここに改善余地があると考えるので，この部分を訓練中に参加者の行動を観察したり，意見を出させたりしたい」というものがあるのが望ましい。そして，その改善余地のありそうな箇所に対する参加者の意見・反応が出るようにするには，訓練の中で参加者が考えるきっかけになるよう，事務局が提示する情報（被害シナリオやワークショップの設問等）に何を盛り込めばよいのか，文言としてどう記述すればよいのか，しっかり考えなければならない。つまり，訓練の中の参加者の行動で，改善箇所に対する反応（判断，行動など）が必ず得られるように仕向ける必要がある。もちろん，企画者自身があらかじめ気づかない改善箇所というのもたくさんあるはずだが，少なくとも漫然と「訓練をやれば何か参加者が気づいてくれるだろう」という考えで訓練を行うだけでは，満足の行く効果が得られない。参加者に提示される情報や設問，あるいは参加者に指示される行動のすべてに企画者の意図が込められている，というのが理想的である。

この点ではワークショップ訓練は，企画者の懸念・疑問を，設問という形で参加者に直接的に提示できるため，容易に訓練企画者の意図が伝わり参加者の回答が得られ，訓練企画者が設定した目的が達成されやすい。一方，ロールプレイング訓練の場合は，訓練がいったん始まれば参加者はそもそもマニュアルを読まずに反応してしまうことが多く（マニュアルが手元にあっても，判断にかけられる時間が短いため），マニュアルを具体的に理解・検討できたのかどうか判断しにくいため，注意が必要である。

(イ)　訓練目的をさらに具体化・細分化する

訓練の目的の明確化の部分（前記①）で記述した，「マニュアルどおりに動けるのか，確認したい」という目的を設定した場合，さらにそれを具体化・細分化しなければならない。具体的な目的として，「複数の事業所と本社対策本部は適切に連携できるか」という例を記したが，大目的を構成する複数の小目的に分解して考えると，訓練の企画自体もやりやすくなるし，評価の観点も自ずと明らかになる。もちろん，この例の場合，さらに「適切な連携とは何か」も考え，それが確認できるよう訓練の内容を設計しなければならない。

なお，「適切な連携」の要素としては次のようなものが考えられる。

- 情報連絡手段（衛星電話や情報入力ツール等）を正しく操作できるか。
- 報告者（被災拠点等）の報告内容を，対策本部要員は正しく聞き取れるか。
- 多数に上る報告を所定の様式に正しく入力でき，整理できるか。
- 報告を受けた要員は，その中から優先的に対処すべき課題を特定できるか。
- 特定した課題を対策本部で認識共有でき，適切な指示ができるか。
- 本社対策本部が取り組むべき課題と，現地対策本部に委ねるべき課題に仕分けできるか（すべて本社が仕切ろうとしていないか）。
- 対策本部での決定内容を報告者にフィードバックできるか。

訓練のやり方と設計すべき項目の例を【図表3－3－2】にまとめる。

【図表3－3－2】訓練のやり方と設計すべき項目の例

やり方	項目の例（下記以外の内容も必要な場合がある）
共通	•明確で具体的な目的，その目的を達成するために必要な具体的要素 •参加対象拠点，参加者，実施場所 •実施日時，所要時間，当日のスケジュール（休憩、振返り会含む） •使用する機材（マイク，プロジェクタ等） •訓練事務局の役割分担 •訓練事務局のための進行プログラム（資料配布や情報提示のタイミング，事務局の役割分担・行動，使用する資料・機材，連携先） •参加者が成果（結論，発言内容等）を記入するためのシート（紙，表計算シート等） •評価の観点・指標，評価者，評価の方法 •参加者アンケートの項目，アンケートの方法 •外部立合い者の要否，立合い者による講評コメントの要否
実技	•（共通に同じ）
読合せ	•対象とする文書 •特定の災害シナリオの要否，要の場合そのシナリオ（災害とその規模，発生場所・日時，復旧や被害拡大の推移）
ロールプレイング	•災害シナリオ •設ける局面の数，各局面の災害発生からの経過時間，各局面に要する訓練時間 •各局面で参加者に判断・行動してもらいたいことの洗出し（目的達成のための要素） •各局面での情報（ライフライン被害，自社被害，関係先の被害など） •情報の提示の手段（紙配付，電話，FAX，メール，投影など）

やり方	項目の例（下記以外の内容も必要な場合がある）
ワークショップ	•災害シナリオ •参加者に議論し，答えを出してもらいたいことの設問化（目的達成のための要素）

⑤　実施するための資料を作る

設計した内容を，訓練当日に用いる資料に落とし込む作業である。

ロールプレイング訓練では，時々刻々と変わる被害や社内外からの問い合わせ等の情報を，次々に参加者に提示するのが一般的だが，次のような情報提示の方法があるので，適宜組み合わせて使うとよい。

- 報告内容が記入された紙を配布するもの
- 電話（音声），FAX（文字），メール（文字）で伝えるもの
- スクリーンに投影するもの（パワーポイントなど利用）

また，伝える内容も，情報の種類とその訓練の中での情報の重要性により，文字（文章），音声，動画，地図・写真，表など，いろいろ工夫する余地がある。

ワークショップ訓練では，参加者の議論の結論としてのアウトプットが形になることが期待されるが，アウトプットを記入する先として，模造紙・付箋のほか，パソコン上で情報取りまとめ用ファイル（表計算シート等）に入力することもある。当然のことだが，ワークショップで参加者に議論してもらう設問文は，企画者の意図がはっきり伝わるような明確かつ平易な文章である必要がある。議論の前提条件・制約を説明することも有効だろう。

なお，ライフラインや鉄道等の被害状況を作る際は，作り込み過ぎて時間を浪費しないことも大事である。臨場感を追求するあまり，細かな情報を作りがちであるが，筆者のこれまでの訓練運営経験からいえば，参加者は膨大な情報の細部まで確認している時間がないのが一般的である。参加者に，膨大な情報の中からある情報を抽出させる，あるいは膨大な情報を整理・分析して結論を

導かせるのが訓練の目的であれば別だが，訓練目的達成に必要性の薄い情報であれば，大胆に省略してもよいだろう。

⑵　実　施

①　訓練当日の流れ

当日の一般的な流れとしては，まず簡単に訓練の目的・流れについて訓練事務局より参加者に，説明を実施（オリエンテーション）してから，訓練を開始する。

グループに分かれてそれぞれが並行して進行する訓練の場合，異なるグループ間での意見交換の場を設けることも，参加者全体で認識を共有することのほか，次回訓練への参加意欲を高めるのに有効である。

最後に講評を行うことも多い。

なお，訓練当日より前に，訓練参加者を集めて当日の流れや参加者各自の役割，あるいは当日までの各自の宿題（マニュアルにあらかじめ目をとおしておく，ワークショップの設問について自分の考えを用意しておく等）について，事前説明会を行う場合もある。

【図表３－３－３】に，３時間のロールプレイング訓練のプログラム例を示す。

【図表３－３－３】ロールプレイング訓練のプログラム例

所要時間（分）	内　容	実施者
05	趣旨説明	総務部長
15	実施手順の説明	訓練事務局
	<第１局面（地震発生１時間後）>	
20	対策本部各班の行動	参加者
15	対策本部内情報共有 （第１回対策本部会議の体裁）	参加者 会議進行：対策本部事務局長 （総務部長）
	<第２局面（同３時間後）>	
20	対策本部各班の行動	参加者
15	対策本部内情報共有 （第２回対策本部会議の体裁）	参加者 会議進行：対策本部事務局長
15	休憩	
	<第３局面（同６時間後）>	
20	対策本部各班の行動	参加者
15	対策本部内情報共有 （第３回対策本部会議の体裁）	参加者 会議進行：対策本部事務局長
30	振返り会	参加者，進行：総務部長
10	講評	社長，危機管理担当役員

②　準備，役割分担

会場の設営を行い，訓練をスムーズに進行するため，使用する機材（TV会議システム，衛星電話等）の動作確認を行うとともに，当日参加者に配付・投影する資料の準備を行う。

また，訓練事務局側の役割分担を行う。役割には次のようなものがある。

- 司会進行係
- 記録係（写真・動画撮影のほか，時間計測や参加者の発言をメモする）
- 観察係（評価のためにも，参加者の動きや発言を見たり聴いたりする）

このほか，進行中に参加者のサポート（参加者からの質問に回答したり，議論が行き詰まっている場合に助け舟を出したりする等）も必要となるが，適宜訓練事務局が担うとよい。

③ 趣旨・実施手順の説明

参加者に，訓練の目的や期待する成果といった趣旨や，前提条件，流れ（休憩時間含む）を説明する。

参加者に期待される訓練中の動きや作業（ワークシートへの記入等）等があれば，それらについても説明する。

④ 訓練の実施

いよいよ本番である。本番実施にあたっては，参加者１人ひとりに以下のような事柄に留意しながら参加するよう促す。

- 実際の危機時だと思って，緊張感を持って取り組む（実技やロールプレイングの場合）。
- 参加意欲を持って取り組む。
- 議論の場面では，他人の意見を傾聴する。

なお，訓練中に事務局が観察すべきポイント，すなわち評価・講評を行うための着眼点も事務局内で明らかにしておくとよい。漫然と眺めるばかりでは，適切な評価がおぼつかない。いずれのやり方の訓練でも，訓練全体の大目的をさらに細分化・具体化した小目的が評価ポイントになる。

ロールプレイング訓練を例にすると，次のようなものがある。

- 参加者は自身の役割を理解した上で行動・判断しているか。
- 情報に基づき，あるいは欠損している情報が何かを理解した上で行動・判断しているか。
- 行動・判断は，状況や訓練の目的に即して適当なものか。
- 人命安全や地域社会を軽視し，有事の基本方針に反した行動・判断を取っていないか。
- 迅速な行動・判断ができているか。
- 自身の行動・判断の結果について，以降の局面でフォローしているか（指示しっぱなしにはなっていないか）。
- 異なるグループ・組織間での情報共有や報告などの連携は十分か。
- 自身の所属する組織・班の内側にこもらず，必要に応じて外側へ働き掛けているか。
- 特定の人に，判断・行動の負担が集中していないか（適切に役割分担されているか）。
- 情報は正しく伝わっているか（伝言ゲームになっていないか）。
- 今後の取組み課題を明確にできたか。

ワークショップ訓練の場合は，次のような観察ポイントが考えられる。

- 参加者１人ひとりが考え，発言しているか。
- 前提条件や訓練の目的（設問の意図）を理解した上で議論しているか。
- 議論は発散せず，時間内に一定の結論に収束させているか。
- 結論は，前提条件・制約を踏まえた現実的なものになっているか。机上の空論や理想論に陥っていないか。
- 今後の取組み課題を明確にできたか。

⑤　参加者による内容の共有，振返り会

参加者間で検討結果や判断内容を発表することで，課題や参加者の気づきを共有できる。特にロールプレイング訓練で，複数のグループに分かれて訓練を実施する場合は，災害対応の全体感を理解するためにも，他のグループでどの

ように行動・判断したか，どのようなことが論点となったかを全体で共有することが望ましい。また，ワークショップ訓練でも訓練中の設問に対する，それぞれのグループのディスカッションの結果を適宜発表・共有することが望ましい。すべてのグループに発表してもらう時間がなければ，いくつかに絞ってもよい。

意見交換の実施は，訓練終了後でも，訓練途中の場面ごとでもよい。後者であれば，ロールプレイング訓練なら，各局面の「第○回災害対策本部会議における各班報告」という体裁とするのが自然だろう。

また,「振返り会」や「反省会」等という名称で,訓練終了後に訓練参加者（あるいは代表者）が残って訓練結果を振り返る会合を持つこともある。会合では訓練で得た気づきを参加者間で共有するだけでなく，訓練結果を踏まえた上で今後の取組みを方向づけるまでを検討できるとよい。振返り会の内容は今後の改善に向けたヒントが多く詰まっていると思われる。言いっ放しで終わらせずに，内容をきちんと記録して改善に活用するとよい。

⑥　講　評

訓練の講評にあたっては，訓練全体を総括するとともに今後の取組みの方向性の示唆となるようにする必要がある。訓練の講評は，訓練の企画時の目的をもとに，訓練時に気づいた点などをメモにした講評資料をある程度用意した上で行うとよい。また，多数の参加者を前にした講評であれば，できるだけ簡潔に終えてもよい。

講評で触れる項目は，その目的や状況により異なるが，一般的な例を示す。

＜前置き＞

- 訓練の実施目的，企画経緯
- 訓練の特性・想定上重要な点（訓練事務局が特に留意した点等）
- 法的な位置づけ（あれば）
- 社内規程・ルール上の訓練やシナリオの位置づけ

<訓練全体を通じた総括>
・全般の評価
・前回訓練との比較
<訓練内の個別の行動内容・議論の結果についての評価>
・個別の内容についての評価（良かった点，悪かった点）
<今後の課題等>
・改善を要する点，改善の方向性案
・次の訓練への期待

講評者としては，対策本部長役の方（社長，役員，事業所長等），訓練事務局部門の長（総務部長，事業本部長等）あるいは訓練企画に携わった担当者が多いが，社内外の立合い者（監査役，社外取締役，専門コンサルタントや親密取引先等）という場合もある。

なお，講評者が適切に講評できるよう，必要に応じ訓練事務局からあらかじめ訓練の目的や内容について講評者にレクチャーしておくのがよい。加えて，講評者が，訓練本番での参加者による行動や議論の結果，あるいはその出てきた課題を順に追って理解しやすいような訓練の流れとすることが望ましい。筆者の経験でいうと，ロールプレイングよりはワークショップのほうが，立合い者にとっては訓練の経過を理解しやすい。ロールプレイングは，いったん訓練が開始されると止まることなく進行し，また複数のグループが同時並行的に情報処理を行っていくために，講評者が全体を把握しにくい。一方でワークショップは，参加者に対する設問があらかじめ明らかになっており，議論の結果を発表する場面が設けられ，進行速度もゆっくりしているので，全体感および個別の設問に対する議論の内容が理解しやすい。いずれにせよ，講評者は，訓練の最後に何かしらコメントすればよいという姿勢では決してなく，参加者や訓練事務局，ひいては自社のリスクマネジメント強化のためにも訓練目的をよく理解した上で，訓練全体を注意深く観察する姿勢が必要である。

講評の後，解散前に事務局から参加者に対する事務連絡を行うこともある。事務連絡の内容としては，次のようなものがある。

- 参加者アンケートへの記入（記入様式，提出先・期限）
- 訓練で明らかになった課題への対処計画の策定，マニュアルの修正などの宿題（提出先・期限）

⑶ 評 価

訓練の実施後，得られた成果や目的の達成度等について訓練事務局が中心となり評価を行い，改善すべき課題を抽出し，今後の改善についての整理を行う。課題の抽出にあたっては，訓練シナリオとした災害（地震，水害，感染症など）への対応に関する課題を抽出して危機への備えの充実に結びつけるほかに，訓練の企画・実施自体（訓練目的が達成できたか，あるいはやり方や進行手順に対するもの，つまり事務局の仕事ぶりに対する評価）に関する課題も抽出し，次回以降の訓練の質の向上を図ることが重要である。

訓練の評価を行うためには，判断材料とするための情報収集が必要である。情報収集の手段としては，次のようなものがある。

・参加者によるもの（アンケート等）
・観察者によるもの（観察記録等）
・外部立合い者によるもの（評価レポート等）

前記⑵④で例示した観察ポイントが評価対象項目となるため，観察者に対してはあらかじめ観察ポイントを記した観察・評価シートを渡しておき，訓練中に書き込んでいってもらうようにするとよいだろう。

材料を総合し，事務局は訓練目的が達成できたかどうか，評価を行う。加えて，目的が達成できなかった場合，その原因を特定しておく必要がある。訓練目的が達成できなかった原因としては，次のようなことが考えられる。事務局側の準備不足が原因の多くと思われるので，次回に活かしてほしい。

- 目的と訓練のやり方が整合していなかった。
  （例）マニュアルの抜漏れ箇所の検証をしたいにもかかわらず，ロールプレイング（ロールプレイングでは細部の検証が困難なことが多い）を選んでしまった。読合せにすべきだったかもしれない。
- 目的が大雑把過ぎ（「マニュアルを検証する」等），具体的な検証範囲が絞りこめていなかった。
- 目的を検証できるような個別具体的なシナリオ・設問等まで，訓練内容を落とし込めていなかった。
- 参加者に提示する情報量が多過ぎ，参加者はその読込みだけでかなりの時間を消費してしまった。結果として，検討や議論に十分な時間を割くことができなかった。
- 前提条件や制約条件が明確に示されず，参加者の判断・行動・議論が発散してぼやけてしまった。
- 資機材の準備・整備が不十分で，訓練時間内にうまく動作できなかった。
- 参加者の顔ぶれが訓練目的に即していなかった。

（例）ロールプレイング訓練に，担当レベルの者しか当該部門から参加せず，部門長目線での判断ができなかった。

なお，参加者に対するアンケートでは，今後の訓練に期待すること（シナリオややり方等）についても尋ねるとよいだろう。

(4)　評価結果を活用した改善

評価結果を活用し，改善につなげていくことが肝要である。これこそが訓練の重要な目的の１つといってよい。

活用は，次のような方向がある。

- ハード対策の充実につなげる
  －防災備品や資機材，非常通信設備の充実
  －耐震・水防対策など予防策の実施

・ソフト対策の改善につなげる
 －規程やマニュアルの見直し
 －危機対応組織の構成や役割の見直し
・スキル対策の強化につなげる
 －次回の訓練計画に反映（目的，やり方，参加者の範囲や所要時間の再検討）
 －次回の全社訓練までに，部門別・テーマ別に小規模訓練や研修を実施

採用する改善は，具体的な実行計画に落とし込み，所管部門や実施期限を明確にし，進捗を管理できるようにするとよい。

また，訓練結果をどう今後の自社の施策に反映していくのかは，参加者にとっても関心が高いと思われる。結果の活用方針については，参加者に対してもフィードバックするとよい。

4 訓練に関するQ&A

以下，筆者に寄せられる訓練に関する主な質問と，それらに対する回答例を示したので，参考にしていただきたい。

Q1

訓練がマンネリ化しています。変化をつけるにはどうしたらよいですか。

＜A 1＞

ひととおりの手順を訓練対象者が体得しているのなら，ロールプレイングであればシナリオに変化をつける，すなわち，これまでの訓練シナリオより大きな被害・影響，想定外の事象の発生等をつけて，応用力をみるとよいでしょう。そのためのシナリオへの味つけの例を以下に示します。

- 平日の就業時間帯でなく，夜間あるいは休日の危機事象の発生を想定する。
- 地震により火災も同時発生したことを想定する。水害＋地震，感染症＋水害といった複合災害など，“想定外の事態”をシナリオにする。
- 部署の責任者が長期休暇や出張で不在の場面を想定する。あるいは，とりあえず参集できた者（自宅が会社に近い者や，発災時にたまたま会社にいた者）だけで判断せざるを得ない場面を想定する。

また，従来，地震を想定した訓練が多かったですが，最近では水害の頻発を踏まえて台風到達前の本社での対応や，台風通過後に風水害が明らかになったシナリオを採用する事例も増えています。

あるいは，ロールプレイングや実技といった同じやり方ばかりでも飽きが生まれます。訓練企画の難易度が高いかもしれませんが，ワークショップ訓練にもチャレンジしてはどうでしょうか。企画要領をつかむために，ワークショップ訓練を初めて行う場合だけ，外部のコンサルタントに委託することも考えられます。

Q2

今年度「大規模地震を対象とした事業継続計画（BCP）」を策定しました。BCPの内容を訓練により検証したいと考えていますが，どのような訓練を行えばよいでしょうか。

＜A 2＞……………………………………

ここでは，BCPが安否確認や避難，対策本部立上げといった初動を終えた後の，重要業務の早期復旧・継続に限定しているものとして，回答します。

BCPを作成して最初の訓練では，読合せによりBCPの基本事項を関係者が理解・認識共有することをお勧めします。

次のレベルとなると，ディスカッション主体のワークショップをお勧めします。事業継続を具体的に検討する段階というのは，災害発生直後とは異なり，一定程度の情報が集まってきており，また方針を出すのにある程度の時間があるものと思われます（少なくとも，瞬間的に判断しないと人命が損なわれるような初動期よりは，ずっと時間的余裕は多いはずです）。したがって，それら一定量の情報を基に一定の時間をかけて検討を行い，事業継続に関する方針を決定することになると思いますので，ワークショップが適当と考えます。

BCPのワークショップでは，次のような情報を参加者に提示し，どのように顧客からの要求に応えていくか（対応方針，数量，納期，代替先の確保など）を，時間をかけて検討してもらうものが多いです。

- 重要業務に関わる従業員，自社拠点，原材料・部品在庫等の被害状況（わかっていることと，まだわからないこと）
- 協力会社，委託先，外部倉庫等の被害状況
- それらの復旧見通し
- 顧客からの要求（数量，期限，品質など）
- 被害を受けたライフライン等の状況（電気，水道，通信，道路，港湾など）

ワークショップでも局面を複数用意することができます（24時間後，48時間後，72時間後……など，時間経過に伴う顧客からの要求の変化を再現）。なお，訓練事務局での情報作成作業にあたっては，事業部門の協力を得るとよいでしょう。また，参加者は重要業務の継続ですから事業部門が中心，具体的には営業，生産，品質，調達などの組織に所属する方々となるでしょう。

事業部門長にも参加していただき，重要な復旧方針（BCP目標）を表明してもらうのも一案です。

Q3

生産拠点の訓練担当者です。大地震により設備が損傷したことを想定し

たBCP訓練を考えています。この場合，実技訓練をやるとすれば，損傷した設備を修理することが訓練の中身になると考えます。しかし，設備に不具合・損傷を起こさせねばならず，再現できません。他社ではどうしているのですか。

<A 3>..

たしかに訓練のために設備を損傷させることはできませんので，一般的には，前述のワークショップ訓練が多いと思います。つまり，設備復旧作業を実際に行うのではなく，設備の損傷の程度や，「復旧業者確保にかかる日数は○日」，「復旧要員は○人しか投入できない」，「設備復旧見通しは○日後」等の情報を参加者に検討材料として与え，その上で優先的に復旧させるラインを決定してもらう等ということです。

また，もし実技訓練とするのであれば，例えば現地（生産設備やユーティリティ設備など）を回りながら，被害状況確認時のチェックポイントや再起動手順を確認することが考えられます。ただし，この場合は，BCP（事業継続）というよりは初動期の被害確認の実技訓練ともいえるでしょう。また，点検手順書と突き合わせながらの確認であれば，読合せ訓練の説明で触れたウォークスルーにもなります。

Q4

感染症に対する訓練はどういうものがありますか。

<A 4>..

感染症の場合，実技，読合せ，ワークショップが有効です。

実技であれば，感染防護具の装着や職場消毒作業の手順確認が考えられます。

読合せであれば，感染予防措置や事業継続計画について，マニュアル等を読んで理解を深める訓練が考えられます。

また，ワークショップの場合は，次のような各流行段階での架空の社会や自社に関する状況（従業員，顧客，受注の変動，委託先，海外の生産委託先など）や課題を提示し，どの局面でどのような危機対応態勢を立ち上げるか・移行するか，あるいは各局面でどのような対応を取るべきか議論してもらうとよいでしょう。

- 【局面1】○月○日：海外X国での未知の感染症が発生
- 【局面2】○月△日：日本国内最初の感染者を確認
- 【局面3】○月×日：会社のある都道府県で最初の感染者が発生
- 【局面4】□月●日：自社コールセンター社員に最初の感染者が発生
- 【局面5】■月▲日：流行がまん延し，自社社員の3割が欠勤。政府による緊急事態宣言の発出（以降，収束局面まで）。

なお，このワークショップの場合，対策本部要員が対策本部会議の体裁で行えば，ディスカッション主体のロールプレイングととらえることもできます。

Q5

サイバー攻撃を想定した訓練はどういうものがありますか。

＜A5＞.....................................

経済産業省から公表されている「サイバーセキュリティ経営ガイドライン」でも，訓練の必要性が述べられており，訓練を行う企業が増えてきています。以下に訓練事例を紹介します。

訓練例	内　容
サイバー攻撃想定机上訓練	経営層，情報セキュリティ担当者，危機管理担当等を訓練参加者とし，情報セキュリティ事故を想定した検討シナリオに準じ，自社の対応を時系列で検討する机上訓練。 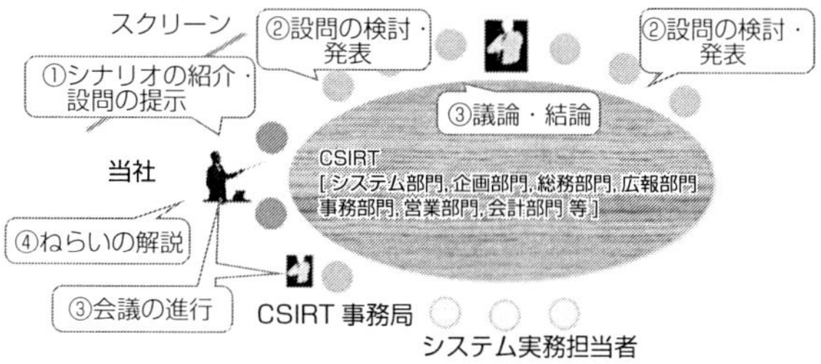 スクリーン ①シナリオの紹介・設問の提示 ②設問の検討・発表 ②設問の検討・発表 ③議論・結論 当社 CSIRT [システム部門，企画部門，総務部門，広報部門，事務部門，営業部門，会計部門 等] ④ねらいの解説 ③会議の進行 CSIRT 事務局 システム実務担当者
サイバー攻撃想定実機訓練	仮想企業の訓練環境を再現し，その訓練環境内でサイバー攻撃を受けた場合に求められるログ解析等による原因究明・封込めや，社内外の調整，仮想企業における事業の継続等を検討する体験型の訓練。
標的型攻撃メール対応訓練	訓練対象者に訓練用の標的型攻撃メールを送信し，その対応結果を評価することで，不正メールに対する"免疫"を身につける訓練。
システムを利用しない事業継続対応訓練	物流倉庫において，ピッキングシステム等が利用できない事態を想定した人海戦術での出荷業務をシミュレーションする訓練など。 効率が極端に落ちるため，出荷の優先順位づけが非常に重要となる。

Q6

外部のコンサルティング会社などに訓練の支援を頼む場合のメリットは何ですか。

＜A 6＞

外部に業務を依頼すると，当然費用は発生しますが，完全内製化では得られない，次のようないくつかのメリットがあります。

- 資料作成や当日の進行等の手間が省ける。
- 他社の取組み事例に関する情報が得られる。また，自社より進んでいる取組みのノウハウが得られる。
- 第三者による評価が得られる。自社社員では気づかない視点での評価が得られる。
- 社員間では言いにくいことも伝えてもらえる。

当日の立会いと評価だけを委託するようなこともできますので，予算と委託目的に応じてコンサルティング会社と相談してみてください。なお，外部に委託する場合も，訓練の目的は自社で明確にしておいたほうがよいでしょう。

Q7

訓練は，どのようにレベルアップすればよいのでしょうか。

<A 7>

人事異動により，参加者の顔ぶれが毎回変わる中では，継続的に訓練をやってもレベルアップするのはなかなか難しいといえます。また，ロールプレイングやワークショップの訓練をやるとレベルアップした感じはしますが，必ずしもやり方を変えただけではレベルアップしたということにはなりません。あくまでも，すべての参加者が有事の各々の役割を遂行するのに必要な能力・知識を身につけられたかどうかが大切です。

参加者の中には初めて参加する方も，何度も参加している方もいると思います。初回参加者は読合せ等で基礎的な内容をしっかり理解する，2回目以降の参加者は理解した知識をロールプレイングやワークショップで実際の場面（訓練の場面）で応用してみる，というのがよいかもしれません。初任者は一度事前に読合せを行った上で，全員での訓練に参加するという手もあります。

また，何度も訓練に参加している方のためには，訓練で提示する対処すべき状況の難易度を上げたり（より災害対応や事業継続対応が困難な状況とする），災害シナリオを変えたりしてさらなる応用力の定着・検証を図るとよいでしょう。

Q8

参加者から「紙の資料だけ用意した机上訓練では，訓練をしていても臨場感が出ない」との相談がありました。臨場感を演出するにはどのような工夫があるでしょうか。

＜A 8＞

訓練に臨場感を出すことで「実際に災害が起こった場合のイメージ」を明確にすることは，参加者に真剣に訓練に取り組んでもらうためには大切な要素です。臨場感を演出するためには，より明確な被害想定を作成し，それをビジュアルで表現することが重要となります。次のような工夫が考えられます。

- 災害報道に関する模擬ニュースを投影する。
- 政府機関や自治体が作成した，地震・津波・洪水の被害を紹介する動画を流す。

また，ロールプレイング訓練では「小道具」も臨場感を出すための重要な仕掛けです。例えば「大地震を想定した災害対策本部の訓練」を行う場合，訓練参加者は本社勤務者も作業着（ユニフォーム）に着替え，ヘルメットを被り会議室に集合し，停電を想定して会議室を消灯してランタン等の灯りのみで訓練を行うだけでも，だいぶ臨場感を演出することができます。実際に非常用発電機を動かし，そこから供給される電力だけでパソコンや照明を稼働させてもよいでしょう。被災拠点とのやりとりも，衛星電話やMCA無線など有事に利用する機器だけを使うのも一案ですし，課題が浮き彫りにされることも期待できます。

Q9

新型コロナウイルス感染症流行に伴い，参加者はそれぞれ在宅として，Web会議システムを使った訓練を考えています。どのような訓練ができますか。

＜A9＞

いろいろな訓練が考えられます。一方通行の研修スタイルのものはもちろんできますが，双方向のコミュニケーションが求められる読合せやワークショップ等もできます。ワークショップでは，大人数が同時に設問に対して議論するのは無理ですので，訓練事務局はグループ単位での議論用の“小部屋”をWeb上で用意するなどの工夫が必要です。

また，ロールプレイングも，本部員各自が在宅の状態で対策本部を設置したこととしてやってみることができます。情報収集の作業は省略することもできますし，各自が自宅から電話で関係先に連絡することも選択できます。

ホワイトボードに収集した情報を記入することはできませんが，全員がアクセスできるような情報整理シートを共有ファイルとして作成しておけば，そこに記入し，対策本部会議の際もそれを全員が見ながら報告してもらうこともできます。実際にやってみれば，オンラインでできないことが意外に少ないことに気づくかもしれません。

なお，Web会議システムを使った訓練では，どうしても自分の意見を伝えにくい，あるいは他者の発言が聞き取りにくい状況が生まれがちです。参加者にはマイクやイヤホンなどの機器を用意して臨むことを依頼するとともに，訓練後にアンケートを実施し，参加者が訓練中に伝え切れなかった意見や質問をしっかり汲み取る姿勢を持つことが，企画者には求められます。

一方で，訓練シナリオにおいて，参加者の居住する地域で地震が発生し，在宅勤務者が出社できない代わりにオンライン参加することを想定している場合は注意が必要です（夜間休日の地震発生のため，誰も出社できず，全員が在宅でオンライン対策本部を運営するシナリオの場合も同様)。訓練ではオンラインでスムーズにいったとしても，実際の地震発生時には自宅での停電や通信障害，あるいは本人や家族の負傷・家屋損壊により，オンライン参加できない対策本部要員が相当程度発生すること，また，通信環境不安定のために動画が映らないこと・音声が途切れること等が容易に想像されるからです。したがって，初回のオンライン訓練はこのような障害発生を想定せずに全員参加でやってみてもよいと思いますが，２回目以降は実際の災害を想定した次のような工夫が必要と思われます。

- 【参加できない要員発生の再現①】
  一部の在宅勤務者を，訓練の中身には参加させず，オンライン上で（発言なしの）オブザーブ参加とする。また，オブザーブ参加者は訓練事務局がランダムにその場で指名してもよい（例えば，オブザーブ参加率を５割とするのなら，社員番号末尾の数字が偶数（奇数）の方を割り当てるなど)。
- 【参加できない要員発生の再現②】
  在宅勤務者の全員がオンライン参加できないものとし，当日会社に出社していた要員だけでやってみる。
- 【通信障害の再現①】
  参加者の顔など動画はオフにし，テキストデータとファイル共有機能だけでコミュニケーションする。
- 【通信障害の再現②】
  訓練進行中のある時点で，参加者にWeb会議システムが突然使えなくなったことを通告し，それ以外のメールや電話等の代替手段に切り換えてもらう。

Q10

本書のほか，訓練を企画・設計するにあたって参考となるような資料はありませんか。

<A10>……………………………………

次のような資料が公開されていますので，参考にしてください。

- 内閣府防災担当「企業の事業継続マネジメントにおける連携訓練の手引き」http://www.bousai.go.jp/kyoiku/kigyou/keizoku/pdf/tebiki13_03.pdf
- 内閣府防災担当「「企業の事業継続訓練」の考え方 ―製造業の調達機能による事業継続訓練の実施事例をもとに―」http://www.bousai.go.jp/kyoiku/kigyou/keizoku/pdf/06kunrenkangaekata.pdf
- 内閣府防災担当「事業継続に関する企業の連携訓練実施報告 ―事業継続への取組みの実効性向上のために―」http://www.bousai.go.jp/kyoiku/kigyou/keizoku/pdf/01kunrenhokoku.pdf
- 国土交通省「荷主と物流事業者が連携したBCP訓練マニュアル」https://www.mlit.go.jp/common/001087787.pdf
- 農林水産省「食品産業事業者のための連携訓練マニュアル」https://www.maff.go.jp/j/zyukyu/anpo/pdf/manual.pdf
- 中小企業庁「中小企業BCP策定運用指針」https://www.chusho.meti.go.jp/bcp/contents/level_b/bcpgl_03b.html
- 高知県「机上型事業継続訓練マニュアル」https://www.pref.kochi.lg.jp/soshiki/010201/bckunrenmanual.html

第 4 章

BCP を展開する

多くの企業では生産性の向上等を目指して分業化および外注化が進められ，サプライチェーンの階層は深くなり，範囲も広がっている。

分業化や外注化の推進は，コストや品質，さらに供給の柔軟性などの面で平時における企業の競争力向上に大きく貢献していることに異論はないだろう。しかしながら，グループ会社やサプライヤが事故・災害等によりトラブルに見舞われた際の影響は，今まで以上に大きくなっている。

したがって，BCPの取組みは，自社だけでなくグループ会社やサプライヤも含めて検討することが必要である。また，海外拠点は言語や文化の違いや，リスク管理に関する意識や優先順位の違い，取り巻くリスクの違い等により，海外拠点への展開は国内以上に難しい。

本章では，グループ会社や海外拠点，サプライヤにBCPを展開する上でのポイントについて述べる。

1　グループ会社への展開

内閣府が実施した企業の事業継続の取組みに関する実態調査では，BCPの策定理由として，親会社・グループ会社からの要請と回答した企業が20％台となっており，グループ会社のBCPの必要性は十分認識されていることがわかる（【図表4－1－1】）。また，同調査において，BCPの策定方法についての問いに対して，親会社・グループ会社の指導を受けたという回答が上位に位置している（【図表4－1－2】）。筆者が支援した企業においても，親会社のBCP策定後，続けてグループ会社のBCP策定を支援してほしいと依頼を受けることも多い。

特に，親会社とグループ会社がバリューチェーンを形成している場合，親会社のBCPと整合を図る必要があるため，グループ会社がBCPを策定する際は，親会社の関与が必要となる。

【図表4－1－1】BCP策定理由

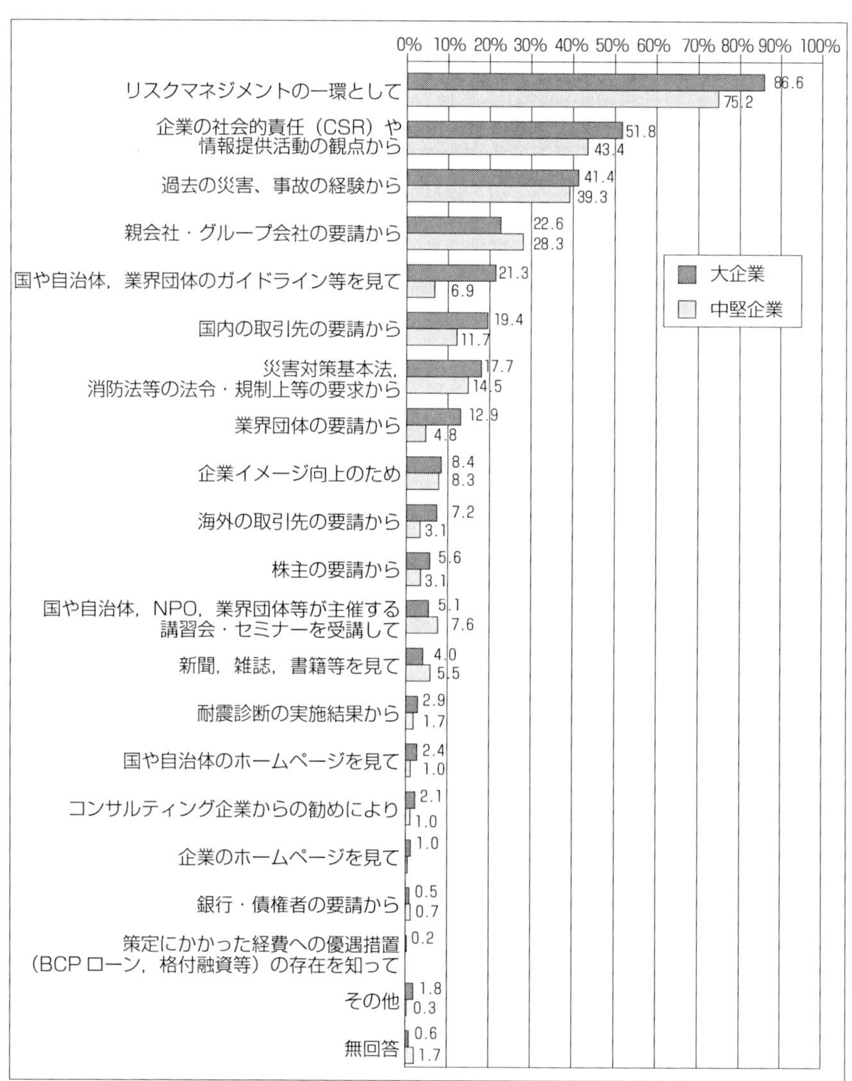

【複数回答，n=1,196 対象：事業継続計画（BCP）を策定済み，策定中，および策定の予定があると回答した大企業および中堅企業】

（出所）内閣府防災担当「企業の事業継続の取組に関する実態調査　概要」（平成24年3月，http://www.bousai.go.jp/kyoiku/kigyou/topics/pdf/kentoukai12_10.pdf）

【図表4－1－2】BCP策定方法

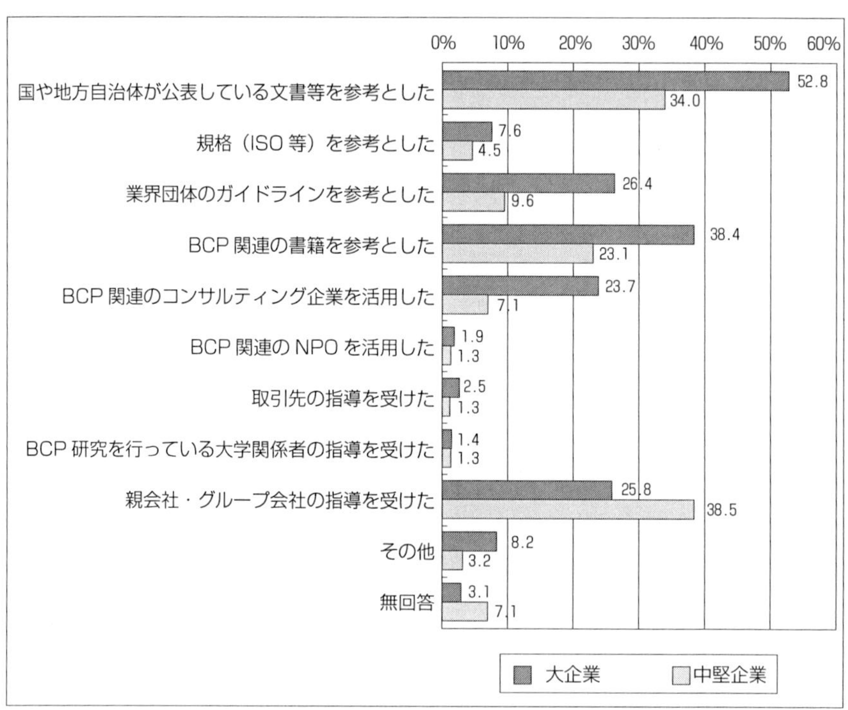

【複数回答，n=796，対象：事業継続計画（BCP）を策定済みおよび策定中と回答した大企業および中堅企業】

（出所）内閣府防災担当「企業の事業継続の取組に関する実態調査　概要」（平成24年3月，http://www.bousai.go.jp/kyoiku/kigyou/topics/pdf/kentoukai12_10.pdf）

(1) グループ内でBCPの整合を図る

① 有事におけるグループ全体の危機対応の整合

親会社とグループ会社間で連絡を取る際の窓口を定め，親会社が必要とする情報と子会社が報告する情報について整合を図っておくことが重要である。

<双方で共有すべき情報の例>

・被害状況（人的被害が最優先）

・復旧見込みと事業への影響
・対応中のトラブル・困りごと，親会社・グループ会社それぞれへの要望
・社外広報に関すること
・顧客対応は適切に対応できているか　など

また，親会社が判断すること，グループ会社に判断を任せることを明確にしておくことが必要である。

<親会社が判断すべき事項の例>
・複数のグループ会社が被災した場合の復旧に要する業務リソースの配分やその優先順位の調整・決定（グループ会社を横断した応援要員の手配など）
・BCPで想定した以上の被害が発生した場合の対応方針（現地復旧よりも，生産移管等の対応を優先する。復旧をあきらめて拠点・事業を撤退するなど）
・現場責任者への権限委譲（予算執行権限の拡大，承認過程の省略・簡素化など）

②　重要な製品・サービス，目標復旧時間の統一

どの製品・サービスを優先するのか，いつまでに供給を再開する必要があるのかといった，グループ会社を含めたバリューチェーン全体としての優先度や目標等を方針として定める必要がある。グループ会社は，その方針に沿ってBCPを策定すると全体で整合性のあるBCPを策定することが可能となる。

なお，【図表４－１－３】のｂ社のように，複数の事業に関わる場合は，それぞれの事業継続方針を考慮する必要がある。

【図表4－1－3】グループ会社の事業継続方針

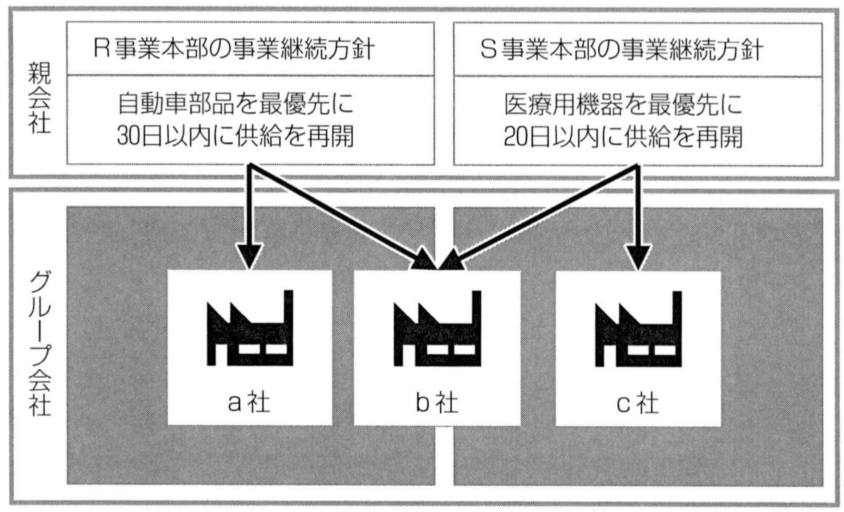

(2)　展開方法の事例

①　ガイドラインの作成

多くのグループ会社を抱える企業グループでは，BCPの策定方法や文書例を示したガイドラインを作成して，グループ会社に配布することによりBCP策定を推進する事例が多い。

ガイドライン作成のメリットは，多くのグループ会社に対して効率的にBCPの取組みを展開することができ，BCP文書の構成の統一性や一定程度の品質確保が期待できるといったことが挙げられる。一方，1つのガイドラインで様々な業種業態のグループ会社すべてに最適の内容を示すのは難しいことがある。

なお，ガイドラインの配布だけでなく，相談窓口を作ったり，要所で進捗確認や内容をレビューしたりするなどのサポート体制を作ることも望まれる。

②　直接指導

ガイドラインやツールだけ渡して後はお任せとせず，現地に出向いて直接指導したり一緒にBCPを策定したりする事例がある。

この場合は，まずは自社のBCP策定を通じて，BCP策定を支援できるスキルを持った人材を育成することが必要である。また，指導者はグループ会社との打合せ等が必要になるため負担が大きいが，一緒に作成することで災害時の行動に関する相互理解が進み，いざという時の信頼関係の醸成につながることも期待できる。

2　海外拠点への展開

(1)　展開時の留意点

海外拠点にBCPを展開する際には，以下の点に留意することが必要である。

①　リスク管理体制の成熟度

進出して間もない海外拠点においては，日頃の労働環境改善や品質管理などのBCPよりも優先すべき課題が残っていたり，そもそもBCPの取組みを推進するためのリスク管理体制がなかったりする場合もある。このような状況では効果的にBCPの取組みを推進することは難しいため，展開先の状況やリスク管理の成熟度等を考慮して，計画的に進めていくことが必要である。

②　取り巻くリスクの多様性

日本は，地震国といわれるようにBCPの対象リスクとして地震を選択することが多いが，海外では地震リスクが極めて小さい国や地域もあるため，日本で策定した地震BCPを参考に策定を進めることが適切でない場合がある。筆者が海外拠点のBCP策定を支援する場合には，事業継続を阻害するリスクを洗い出すためにリスクマップを作成して，その結果から対象リスクを選定することを勧めている。

また，海外では，事業継続を阻害する危機が多種多様で，BCPで対象とするリスクを特定すること，または，危機ごとにBCP を策定することが実態に合わない場合がある。このような場合は，オールリスク BCP の検討をお勧めする（第２章３(6)参照）。

3　サプライヤへの展開

サプライヤへのBCP 展開は，グループ会社のように展開元と密接な関係を持たないため，BCP 策定の詳細な要件を提示したり，直接指導したりすることができないことが多く，バイヤーはサプライヤへの BCP 展開に苦慮している。【図表４－３－１】にサプライヤへの BCP 展開の事例を紹介する。

【図表４－３－１】サプライヤへの BCP 展開に係る取組み事例（直接指導等ができない場合）

防災・BCP の取組みに関するアンケート調査	• CSR 調達の調査等と合わせて行う。 • 調査による分析結果を回答したサプライヤにフィードバックして改善を促す。 • 調査結果からサプライヤの脆弱性を評価し，バイヤーの BCP に活用する（例：代替サプライヤを検討する等）。 • BCP 策定を取引の条件としている。
BCP の普及・啓発セミナー	• 勉強会を通じてサプライヤが自ら BCP を策定する契機としている。 • バイヤーの BCP を紹介する。 • 中小企業においては，BCP 策定といわれても何から始めればよいかわからないという声もあり，基礎知識の勉強会的な位置づけで実施する。
防災・BCP の取組み状況の監査	• 自動車産業における系列サプライヤや，外資系の半導体産業等で比較的多く実施している。 • 防災監査の一環として BCP の取組みについても監査する。

バイヤーへの被災状況報告に関する取決め	• 災害時にバイヤーがサプライヤ各社に連絡を取り被害を確認することは困難なため，サプライヤから報告することを求める取決めをしている（メール発信等による報告システムの導入等）。
連携（合同）訓練の実施	• 石油業界では，石油元売りを中心に取引関係のあるサービスステーション（ガソリンスタンド）まで含めた連携訓練を実施している。 • 金融機関などでは，業界横断で互いの取組みを確認するような訓練を実施している。 • 連携訓練とは異なるが，バイヤーが実施する訓練に取引先を招待して見学してもらう。
業界ガイドラインの作成	• 自動車産業などのすそ野が広い業界では，サプライチェーン維持の視点で，業界団体が会員企業向けにBCP策定のためのガイドラインを公表している。
BCP認定制度の活用	• サプライヤに対して，レジリエンス認証[1]等の外部組織によるBCP認定取得を勧めることで，バイヤー側の負担軽減を図っている。

4　サプライヤの被災を想定したBCPの取組み

前項で述べたとおり，サプライヤへのBCP展開は容易ではないため，バイヤーがサプライヤからの供給途絶に備えてBCPに取り組むことも必要である。本稿では，サプライチェーンの途絶事例と，バイヤーのBCP取組み事例を紹介する。

1　レジリエンス認証とは，一般社団法人レジリエンスジャパン推進協議会が，内閣官房国土強靱化推進室「国土強靱化貢献団体の認証に関するガイドライン」（平成30年7月改定）に基づき，事業継続に関する取組みを積極的に行っている事業者を「国土強靱化貢献団体」として認証するもの（http://www.resilience-jp.biz/certification/）。2020年11月30日現在，207の団体が認証を取得している。

(1)　サプライチェーンの途絶事例[2]

①　【事例1】自動車部品メーカーの工場火災（1997年）

この工場で生産していた製品は，一般的な機械加工で作ることが可能な製品であったが，この会社は多種多様な製品を要求どおり迅速に供給できる強力な生産体制を敷くことで，大きなシェアを確保していた。

火災発生後，発注元の自動車メーカーは，同業他社に対して直ちに代替生産を打診し，60社もの会社が代替生産に応じた。その結果，他社による代替生産にもかかわらず，6日後に部品を確保することができた。

この時，火災に見舞われた会社は，代替生産先に対して設計図と技術情報を提供するだけでなく，製品の検査を請け負った。

②　【事例2】半導体メーカーの工場火災（2000年）

コンピューターチップ製造工場で火災が発生。火災そのものは小規模なものであったが，クリーンルームの空調に煙やすす，埃が流入したことで，クリーンルーム，製造装置，製造工程中の在庫に深刻な被害が出た。

この工場から調達していた2社の対応がその後の明暗を分けた。

A社では，速やかに設計変更，代替サプライヤへの手配を行う緊急対応を実施した。

B社では，A社のような緊急対応は行わず，小規模火災という情報から工場の生産再開を待つこととした。その結果，事態の深刻度を理解した時には，代替サプライヤをA社に押さえられてしまっており，事業が中断，市場シェアを失うこととなった。

③　【事例3】中越沖地震による自動車部品メーカーの被災（2007年）

特殊な機械加工が必要で代替生産は難しい製品であったため，自動車メーカーや部品業界が復旧に駆けつけるとともに地域の協力も得て，地震発生から7日後に生産を再開し，2週間で完全復旧した。

2　インターネットや新聞各紙の情報等をもとに筆者作成。

④　【事例４】東日本大震災によるサプライチェーン途絶（2011年）

東日本大震災では，部品・素材メーカーが地震により被害を受けて操業が停止し，２次被害として，そこからの供給が途絶えた，加工メーカー，その先の完成品メーカーが操業を停止した。さらに，３次被害として，無被害であるにもかかわらず，操業停止となった加工メーカーの影響が，他の部品・素材メーカーにも広がり，減産を余儀なくされた。（【図表４－４－１】）

このような影響は，国内だけでなく海外にまで及んだ。

【図表４－４－１】サプライチェーン途絶が生産活動に与える影響

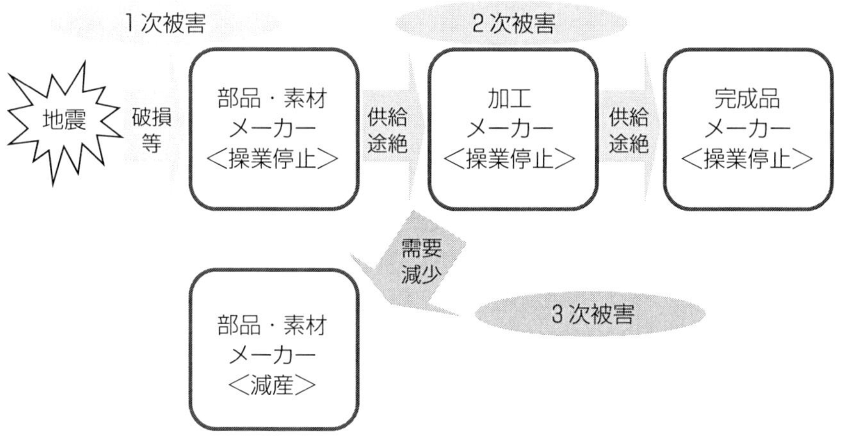

（出所）経済産業省「2011年版ものづくり白書」（平成23年10月，https://www.meti.go.jp/report/whitepaper/mono/2011/）

その背景には，サプライチェーンの影響確認が困難で，非常に時間がかかったという実態がある（【図表４－４－２】）。

素材業種では，確認に要した日数は時間の経過とともに大きく減少していくが，加工業種は，全体の４分の１の企業において，確認に３～４週間もかかった。この違いは，加工業種は素材業種と比べて，部品点数の多さからサプライヤ数も多いためと推測される。

【図表4－4－2】自社のサプライチェーンへの影響確認にかかった日数

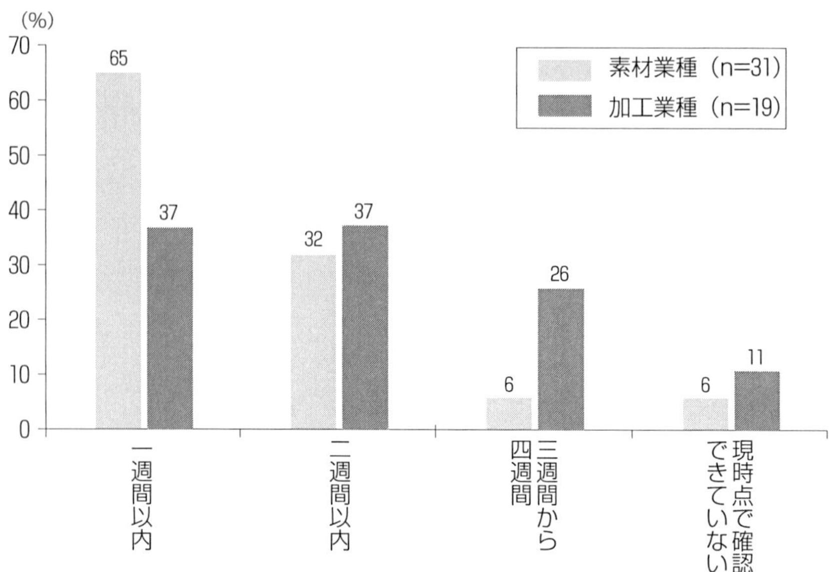

資料：経済産業省「東日本大震災後の産業実態緊急調査」（11年4月）

（出所）経済産業省「2011年版ものづくり白書」（平成23年10月，https://www.meti.go.jp/report/whitepaper/mono/2011/）

⑤　【事例5】新型コロナ感染症流行によるサプライチェーンの途絶

新型コロナ感染症が中国国内で猛威を振るっていた2020年2月頃までは，中国の製造拠点の相次ぐ操業停止，物流停滞等により中国以外の製造拠点においても原材料，部品等の調達が困難となった。

その後，世界各国に感染が拡大し，グローバルなサプライチェーンの混乱が広がった。

⑵　サプライチェーン強化に向けた取組み事例

①　サプライチェーンの把握

東日本大震災の教訓から，サプライヤへの調査等を行い，立地上のリスクやサプライチェーン構造などを把握する動きが増えた。

先進的な事例では，気象庁の地震情報と調達先の拠点情報を重ね合わせて，被害が想定される調達先・品目を即時に抽出できるデータベースを構築している企業がある。

なお，サプライチェーンの把握は，調達先の整理統合や，ロジスティクスの効率化などの平時における副次的なメリットも期待できる。

しかしながら，２次・３次と末広がりとなるサプライチェーン全体を把握することは極めて困難で，定期的な更新の負担も大きいため苦慮している企業も少なくない。自社の重要製品・サービスと紐づけて重要なサプライヤに限定するなど，対象範囲については十分検討することを推奨する。

②　サプライヤ被災情報の早期把握

電機・機械メーカーなどは，衣料メーカー等に比べると代替調達先の確保が難しいため，有事の際に迅速にサプライヤの被災状況を把握することが重要となる。

サプライヤに対して被災情報を24時間以内に報告するなど，報告期限などを取り決めている事例もある。

さらに，サプライヤの被災情報を基に，自社から復旧支援部隊を派遣する体制を準備している企業もある。

③　複数社からの購買

１つの部品を複数社から調達する取組みである。標準品等においては比較的容易であるが，高度な技術や特殊な設備等を必要とする特注品は難しかったり，複数購買化によりサプライヤへの発注量が減ったりすることで関係性が希薄になるなどのデメリットも懸念される。

したがって，複数購買化の検討は他の対策と組み合わせて考えるべきである。組み合わせ例としては，単独購買先がバイヤーの要求を満たすBCPを策定してもらえるようにインセンティブを与えたり，品質管理部門等と協力して特注品の標準化を検討したりすることなどが考えられる。

その他に，単一サプライヤの生産拠点の二重化も複数購買化と同じ効果を期待できる。ただし，いずれの場合も，複数サプライヤの生産拠点の所在地が，自然災害に対して同時被災しないよう十分に離れていなければ，複数購買化の効果は期待できないので，注意が必要である。

④ 在庫の積増し

コストの削減に反するため，最終手段と考えるべきである。

実施を検討する場合でも，対象とする製品の優先順位をつけて，積み増す部品の対象を限定したり，他の対策と組み合わせたりして考えることが望ましい。

⑤ 購入品の共通化

部品等を共通化することで，サプライヤ数や部品数が削減され，有事においてサプライヤの被害確認等の負担軽減が期待できる。平時においても大量発注による購入コスト削減効果も期待できる。

⑥ 有事におけるバイヤーの対応

大地震等の広域災害では，多くのサプライヤが同時被災する場合があり，バイヤーの対応負荷は大きいものとなる。したがって，迅速かつ効率的に対応するためには，あらかじめ対応体制や手順を整備しておくことが望ましい。【図表４－４－３】に，サプライヤ被災時の対応例を示す。なお，購買部門自身が被災して機能しないことも想定して，購買業務を早期再開するためのBCPを検討することも必要である。

【図表4－4－3】サプライヤ被災時のバイヤーの対応例

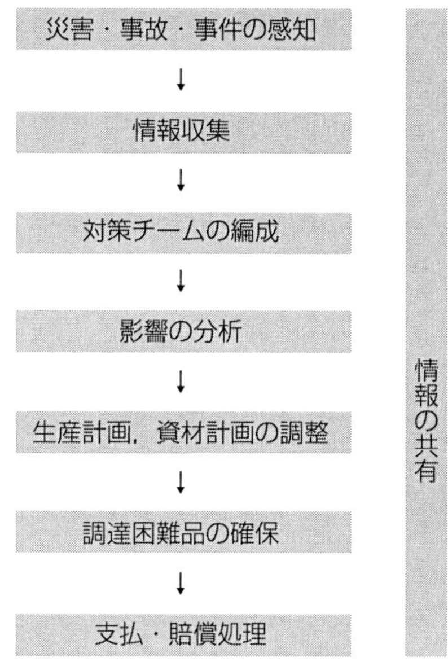

対応のポイント

災害･事故･事件の感知	感知した者は，自身で事態の重大性を判断せず，感知した内容を上位者に伝えることを最優先とする。
情報収集	調達先からの報告だけでなく，周辺情報も収集する（周辺の被害状況，同地域の他社状況など）。 連絡がとれない場合は，最悪の事態を前提に対応する。
影響の分析	「再調達に要する時間」と「生産に影響が生じ始める時間」を突き合わせて確認する。
調達困難品の確保	「調達先の特性」，「被害状況」，「生産への影響」等を踏まえて，複数の選択肢から最適な対策を選択する。 調達先の特性や対策の選択肢は，あらかじめ情報を持っていることが望ましい。 目処がつくまでは，1次策，2次策と複数の対策を並行して進めることが望ましい。

5　BCP展開に関するQ&A

Q1

事業内容がグループ会社によって大きく異なります。ガイドラインに沿って画一的にBCPを策定しても問題ないですか。また，どの企業から作成すればよいですか。

＜A 1＞……………………………………

BCPに必要な要素（第1章参照）は，業種や業態にかかわらず共通なため，ガイドラインに沿って策定することを推奨します。ただし，ガイドラインを守るべきルールのように位置づけてしまうと，現場の創意工夫が発揮されないことが懸念されるため，ガイドラインの中でも，「おすすめ・推奨」と「守るべきこと」を明確にすることが望まれます。

作成の優先順位は，グループ全体で継続すべき優先度が高い事業を担っている企業から作成する場合が一般的です。その他にも，社会的責任や取引先から要請を受けているなど，BCP作成のモチベーションが高い企業を優先することも一案です。

Q2

サプライチェーンに対する取組みは理解できましたが，部材の在庫積増しを実施している企業は実際あるのでしょうか。

＜A 2＞……………………………………

特注品や海外からの調達品等の部材について，安全在庫として積増しをしている企業はあります。とりわけ製薬会社等の社会的な供給責任が大きい企業は，在庫の積増しを実施している傾向がみられます。一般製造業でも在庫積増しを実施している企業はありますが，他の対策との組み合わせを検討した結果として判断しているところが多いようです。また，中長期的には，調達先の複数化，部品・素材の共通化等を推進し，在庫を削減する方針は変えないものの，それまでの間は，一時的に在庫を積み増している例もあります。

Q3

グループの事業会社の BCP は作成しましたが，持株会社についてはどのような内容で BCP を作成すればよいでしょうか。

＜A 3＞……………………………………

持株会社と事業会社の関係性によりますが，持株会社自体の機能が災害時において継続しなければいけないものでない場合は，必ずしも BCP を作成する必要はありません。持株会社が持つ機能のうち，災害時でも継続・復旧が必要なものは何かを整理してください。一方で，各事業会社と連絡を取り続けて，被害情報等を集約し，グループ全体としての意思決定ができるよう，危機対応組織を規定しておく必要があります。

Q4

サプライヤに対して防災・BCP に関するアンケートを実施したいのですが，どのような内容を聞けばよいですか。

＜A 4＞……………………………………

一般的なアンケート項目は以下のとおりです。

- BCP の有無

- BCPの対象事業・部門
- BCPの対象リスク
- 有事の際の対応態勢（構成・役割，設置基準，参集方法）
- 当社に供給している製品・サービスの目標復旧期間
- 目標復旧期間を達成するための事業継続戦略・具体的な方法
- 目標復旧期間達成に向けた対策（ソフト，ハード，スキル）の実施状況
- BCPの検証・周知を目的とした訓練の実施状況
- BCPの見直し状況

一般社団法人電子情報技術産業協会（JEITA）では，サプライチェーン事業継続調査票[3]が刊行されています。

なお，アンケートを取るだけでなく，双方の利益につながるよう，アンケート結果を踏まえてサプライヤのBCP改善を支援するなどのフォローを行うことが重要です。

3 https://www.jeita.or.jp/cgi-bin/public/detail.cgi?id=762&cateid=1

巻末資料

■ SOMPOリスクマネジメントが提供するBCP関連サービス

SOMPOリスクマネジメント株式会社では，防災マニュアルやBCPの策定・見直し，訓練の実施支援といったコンサルティングサービスのほか，次のような特色あるサービスも提供しています。

⑴　災害対策本部運営キット『HONBUくん』

『HONBUくん』は，主として中堅企業を想定し，災害時の対策本部運営に必要なマニュアルや関連資材を一式まとめてキットとして提供するものです。

『HONBUくん』は，対策本部が担うべき役割に着目し，それぞれの役割を実施する要員が，自分たちのなすべきことを視覚的に把握できるよう工夫された対策本部運営キットです。有事に使うだけでなく，平時の訓練で使用することもできます。

以下のようなお悩みをお持ちの企業にお勧めです。

- 対策本部機能を強化したい（迅速な対策本部の設営，要員の役割の具体化等）。
- 対策本部に何を用意すればよいかわからない（帳票類，とりまとめ様式等）。
- 初動対応マニュアルがない。
- 初動対応マニュアルはあるが，訓練をやったことがなく，どのようにマニュアルを改善すればよいかわからない。
- 単に訓練を行うだけでなく，訓練の成果をモノとして残したい。

【図表５－１】『HONBU くん』キットの内容（各ファイル内にマニュアル，帳票等を収納）

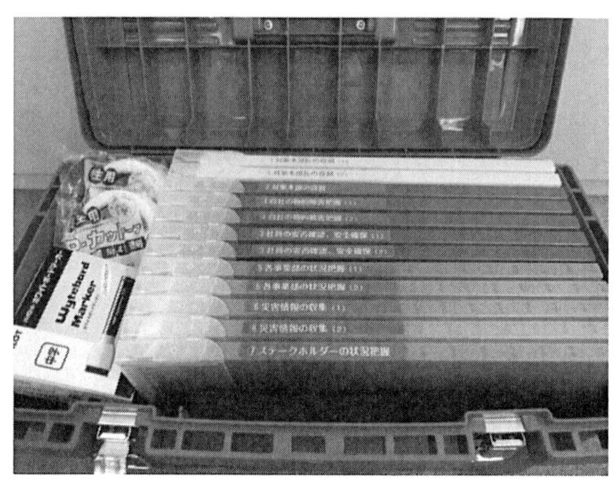

⑵　災害対応ゲーム（STG）

『災害対応ゲーム（STG)』は，災害発生時に企業が取るべき対応をゲーム感覚で疑似体験できる簡易な訓練ツールです。ゲームの進行とともに，災害の状況設定（イベント）が紙芝居形式で次々と提示されます。プレイヤーには，所属組織の実情を踏まえ，各イベントに対してどのように対応すべきかをご検討いただきます。

STG には次のような特長があります。

- ✓状況設定がプレセットされているため，短い準備期間で手軽に実施できる。
- ✓テレワーク等，プレイヤー企業の状況も反映した上で実施できる。
- ✓オンラインでも実施可能である（全員 Web 会議システムから参加)。
- ✓水害×新型コロナ感染症編と地震×新型コロナ感染症編から選べる。
- ✓ゲーム実施の結果，水害タイムラインの案や事前対策のリスト等の成果物ができあがる。

【図表５－２－１】STG（水害×新型コロナ感染症編）のイベントイメージ

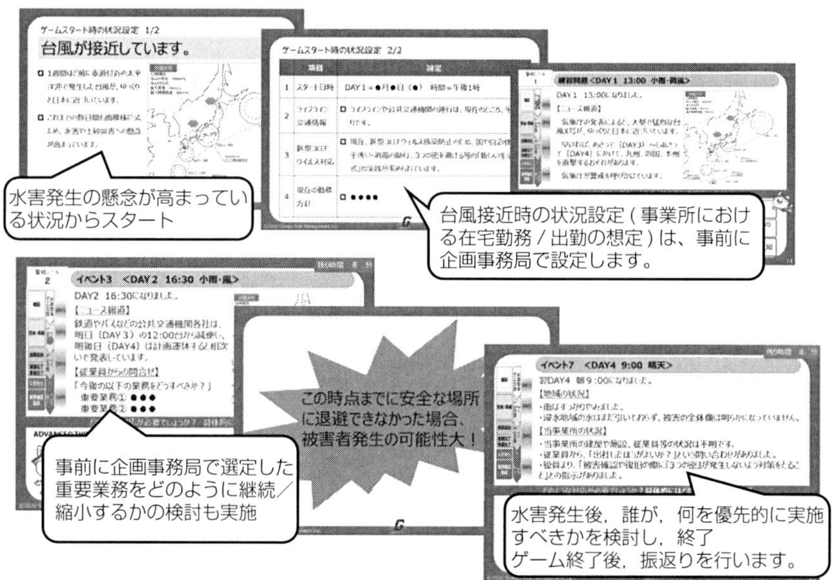

【図表５－２－２】STG（水害×新型コロナ感染症編）の成果物イメージ

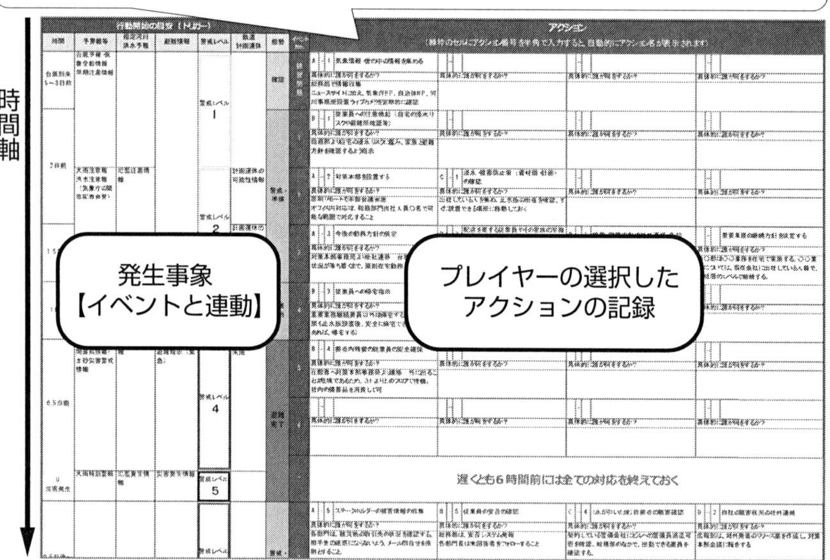
STG（水害 × 新型コロナ編）には，参加者の検討結果を記録する「対応記録リスト」が付属しています。検討の記録は，参加事業所の『水害対応タイムライン』のたたき台となります。また，検討にあたって見出された課題は，今後の取組み課題となります。
時間軸
発生事象
【イベントと連動】
プレイヤーの選択した
アクションの記録
アクション
遅くとも６時間前には全ての対応を終えておく

(3)　『BCP マッチングサービス』

事業継続のための代替戦略実行のための手段として，代替調達や OEM 生産が検討されることがあります。しかし，有事になってから慌てて探すのでは，適切なパートナーが見つからない，目標復旧時間までに間に合わない，といった問題に直面することが想定されます。

このような問題を平時に解決しておくため，弊社がパートナー探しを支援させていただくものです。

【図表５－３】BCP マッチングサービスの全体像

索 引

■英 数

BCP（Business Continuity Plan）…… 2
BCM（Business Continuity Management）…… 2
BCP 策定率…… 7
BCP の策定ステップ…… 10
BCP 目標…… 13, 44
CSIRT…… 90
DDoS 攻撃…… 87
MERS…… 66
SARS…… 65
WannaCry…… 85

■あ 行

アジアインフルエンザ…… 64
新しい生活様式…… 82
一部割れケース…… 113
入口対策…… 94
インターネット分離…… 95
運用…… 30
エッセンシャルワーカー…… 71
エンドポイントセキュリティ…… 96
オールハザード BCP…… 138
オールリスク BCP…… 138, 151

■か 行

外出自粛…… 63
外水氾濫…… 49
ガイドライン…… 152, 157, 206
各リスクの被害の特徴…… 48
火山灰…… 125
火山ハザードマップ…… 134
活火山…… 120
感染の連鎖…… 80
企業の事業継続の取組みに関する実態調査…… 202
企業の事業継続及び防災の取組に関する実態調査…… 7
帰宅困難者…… 110, 118
教育…… 26
業務リソース…… 18
空気感染…… 150
訓練…… 162
現地戦略…… 23
洪水浸水想定区域図…… 55
交代勤務…… 76

■さ 行

在庫…… 214
サイバーセキュリティ経営ガイドライン…… 86
サテライトオフィス…… 76
サプライチェーン…… 172, 202
サプライヤ…… 208
持久戦略…… 72
事業影響度分析（BIA：Business Impact Analysis）…… 12
事業継続戦略…… 22, 46, 139
事業者・職場における新型インフルエンザ等対策ガイドライン…… 149

事業転換戦略……72
時差出勤……76
実技（訓練）……163, 164
社会機能維持者……71
集団感染……80
重要業務……16, 43
重要製品・サービス……15
首都直下地震……104
消毒……81
新型インフルエンザ……65
新型インフルエンザ等対策
　特別措置法……66
新型コロナウイルス感染症……62, 212
震度……101
スキル対策……25
スペインインフルエンザ……64
ゼロデイ攻撃対策……96
ソフト対策……25

■た　行

代替戦略……23
タイムライン……56
高潮……49
致命率……149
中越沖地震……5, 210
津波……101, 111
出口対策……94, 95
テレワーク……75, 82
毒性……149
都心南部直下地震……109

■な　行

内水氾濫……49
内部対策……94, 95
南海トラフ巨大地震……99, 146
認定制度……209
濃厚接触者……81

■は　行

ハード対策……25
バイヤー……208
ハザードマップ……19, 55
半割れケース……113, 115
東日本大震災……98, 101, 211
標的型攻撃……86
フォレンジック調査……92
複合災害……147, 148
複数購買……213
不正ログイン……87
噴火警戒レベル……131, 134
噴火警報・予報……131
防災……2
ボトルネック……21
ホワイトリスト対策……95
香港インフルエンザ……65

■ま　行

マグニチュード……100, 101, 104
マルウェア……86
持株会社……217
目標復旧時間
　（RTO：Recovery Time Objective）
　……13
目標復旧レベル
　（RLO：Recovery Level Objective）
　……13

■や　行

ゆっくりすべりケース………………………… 113
読合せ（訓練）………………………………… 163, 164

■ら　行

ランサムウェア…………………………… 87, 88, 89
リスク分析……………………………………………… 19
リスクマップ………………………………………… 11
リモートハラスメント……………………… 84
流行の波……………………………………………… 63, 81
ロールプレイング（訓練）… 163, 166, 171

■わ　行

ワークショップ（訓練）
…………………………………… 163, 169, 191, 192
ワクチン……………………………………………… 149

【編者紹介】

SOMPOリスクマネジメント株式会社　https://www.sompo-rc.co.jp/

1997年11月に安田火災海上保険株式会社（現：損害保険ジャパン株式会社）の企業向けリスクエンジニアリング部門を独立させ，安田リスクエンジニアリング株式会社として設立。2018年10月に現社名に変更。
企業や自治体などが抱える様々なリスクに対して，リスクマネジメントの体制構築支援，データサイエンスも活用した自然災害の防災・減災ソリューション，BCP（事業継続計画）の策定や訓練の実施，独自のエコシステムや世界水準の技術を取り込んだサイバーセキュリティに関するサポートなど各種コンサルティングを提供し，お客様のリスクマネジメントの高度化に資するサービスを展開している。

【著者紹介】

飛鳥馬　隆志（あすま　たかし）

1972年生まれ，東京都出身。芝浦工業大学工学部卒業。建設コンサルティング会社を経て2006年に入社。製造業を中心に，様々な業種の企業に対してBCP策定や災害対応訓練などのコンサルティング業務に従事。
主な著作物に，『事業継続管理の基本と仕組みがよーくわかる本』（共著）（秀和システム，2008年）がある。

石井　和尋（いしい　かずひろ）

1973年生まれ，北海道出身。京都大学工学部卒業，京都大学大学院工学研究科修了。公認内部監査人。2006年に入社後，サービス業や金融機関などを中心に，様々な業種の企業に対してBCP策定や災害対応訓練などのコンサルティング業務に従事。

徳本　諒（とくもと　りょう）

1981年生まれ，兵庫県出身。東北大学理学部卒業，東北大学大学院理学研究科修了。気象予報士。2009年に入社後，サービス業や教育機関などを中心に，様々な業種の企業・団体に対してBCP策定や災害対応訓練などのコンサルティング業務に従事。

BCPの見直し・訓練・展開がわかる本

2021年6月25日　第1版第1刷発行
2024年7月10日　第1版第4刷発行

編著者　SOMPOリスクマネジメント株式会社
発行者　山本　継
発行所　㈱中央経済社
発売元　㈱中央経済グループパブリッシング
〒101-0051　東京都千代田区神田神保町1-35
電話　03(3293)3371(編集代表)
03(3293)3381(営業代表)
https: //www.chuokeizai.co.jp
製版／東光整版印刷㈱
印刷・製本／㈱デジタルパブリッシングサービス

＊頁の「欠落」や「順序違い」などがありましたらお取り替えいたしますので発売元までご送付ください。(送料小社負担)

ISBN978-4-502-38841-5 C3034